Der Venezianerkrieg

Wölcher unter den zwayen schrayen würd „Catharina", der solt den Kampf und das Gelt verloren haben
(aus der Pappenheim´schen Chronik über den Zweikampf zwischen Johann von Waldburg-Sonnenberg und Antonia Maria da Sanseverino)

Danksagung der Autoren

Unser Dank gilt Stefan Müller und dem ganzen Team vom Zeughaus-Verlag, die dieses Buch ermöglicht haben.
Weiterhin möchten wir uns bei Jens Peter Kleinau bedanken, dessen Darstellung des Zweikampfes zwischen Johann von Waldburg-Sonnenberg und Antonio Maria da Sanseverino (nachzulesen in dem bemerkenswerten Blog *talhoffer.wordpress.com*) zu den wichtigsten Inspirationen für dieses Buch gehörte. Außerdem verdanken wir ihm das Vorwort zu diesem Buch.
Bildmaterial stellten Anja und Michael Hiebinger vom Veldenzer Aufgebot, Michael Sicher von den Condottieri Mauriziani, außerdem Arma Georgii und Fred Wutz zur Verfügung. Ebenfalls mit Bildmaterial behilflich waren Richard J. Kyte und Christopher Retsch.
Unser Dank gebührt auch der italienischen Reenactmentgruppe Città del Grifo für das uns überlassene Bildmaterial.
Ein besonderes Dankeschön geht an Michael Sicher für die Vermittlung wichtiger Kontakte.
Für die wundervollen Rekonstruktionszeichnungen bedanken wir uns bei Wolfgang Braun.
Bilder von Schwertern verdanken wir Stefan Roth, der diese Waffen auch selbst geschmiedet hat.
Großer Dank gebührt auch Bernhard Glänzer und Sascha Lunyakov, die mit ihren Zeichnungen halfen, das Buch anschaulich zu gestalten.
Wieder stand Moritz Seeburger mit Rat und Tat zur Seite, vielen Dank dafür.

Autoren: Florian Messner und Hagen Seehase
Vorwort: Jens Peter Kleinau
Zeichnungen: Sascha Lunyakov
Karte: Bernhard Glänzer

Lektorat: Michael Danhardt
Layout: Stefan Müller

Herausgeber: Zeughaus Verlag GmbH
Knesebeckstr. 88
10623 Berlin

Telefon: 030/315 700 30
Fax: 030/315 700 77
Email: info@zeughausverlag.de
Internet: www.zeughausverlag.de

Printed in European Union

ISBN: 978-3-96360-023-4

Titelbild:
Kriegsleute mit aufwendig bemalten Schilden, sogenannten Tartschen oder Pavesen.
Foto: Città del Grifo

Der Inhalt

Bibliografische Informationen der Deutschen Bibliothek
Die Deutsche Bibliothek verzeichnet diese Publikation in der Deutschen Nationalbibliografie; detaillierte bibliografische Daten sind im Internet über http://dnb.ddb.de abrufbar.

Zeittafel zum Venezianerkrieg

26. Oktober 1427	Geburt des späteren Erzherzogs Siegmund von Tirol
1443–1446	Siegmund unter der Vormundschaft seiner Onkel
9. April 1446	Entlassung Siegmunds aus der Vormundschaft
28. April 1446	Einzug Siegmunds als Landesherr in Tirol
ab 1458	Konflikte Siegmunds mit den Eidgenossen
1460	Höhepunkt des Konflikts zwischen Herzog Siegmund und Bischof Nikolaus Cusanus
5. September 1469	Vertrag von St. Omer, Verpfändung des Großteils der Vorlande an Herzog Karl den Kühnen
30. März 1474	Ewige Richtung, Bündnis zwischen Siegmund und den Eidgenossen
1474–1477	Burgunderkriege
1477	Erhebung Siegmunds zum Erzherzog
1486	Vermittlung zwischen Tirol und Venedig durch Trienter Fürstbischof Johannes Hinderbach
Anfang 1487	sogenannte „Vergiftungsaffäre“ am Innsbrucker Hof
März 1487	Beschlagnahme venezianischer Güter durch Erzherzog Siegmund
23. April 1487	Verhaftung venezianischer Kaufleute in Tirol
9. Mai 1487	Verweigerung der Hilfeleistung an Siegmund durch die Eidgenossenschaft
Mai 1487	Versammlung eines Tiroler Heeres, Ernennung des Grafen Gaudenz von Matsch zum Oberbefehlshaber
30. Mai 1487	Einnahme der Stadt Rovereto durch Tiroler Truppen
Juni 1487	Ernennung des Grafen Roberto da Sanseverino d´Aragona zum neuen venezianischen Oberbefehlshaber
11. Juni 1487	Fall der Burg von Rovereto an die Tiroler
12. Juni 1487	Zweikampf zwischen Antonio Maria da Sanseverino und Johann von Waldburg-Sonnenberg
13. Juni 1487	Eintreffen von Verstärkungen aus Schweizer Orten bei den Tirolern
3. Juli 1487	Gefecht bei Ravazzone, Gefangennahme des Antonio Maria da Sanseverino durch die Tiroler
Juli 1487	Geheimvertrag Siegmunds mit Herzog Albrecht von Bayern-München zur Finanzierung eines Feldzugs gegen Venedig; unerwarteter Rückzug des Gaudenz von Matsch
25. Juli 1487	Rückeroberung Roveretos durch Venezianer, Belagerung von Castel Pietra durch die Venezianer
Ende Juli 1487	Friedrich Kappler Stadtkommandant von Trient
Anfang August 1487	militärische Erfolge der Tiroler in den Judikarien, Zusammenziehen der Tiroler Einheiten aus den Judikarien und vom Gardasee nach Trient
10. August 1487	Schlacht von Calliano, Sieg der Tiroler unter Kappler, Tod Roberto da Sanseverinos
16. August 1487	Entlassung der „Bösen Räte“ durch Erzherzog Siegmund
Oktober 1487	Verhandlungen zwischen Tirol und Venedig
13. November 1487	Friedensschluss zwischen Tirol und Venedig
November 1487	neue Hof- und Landesordnung in Tirol
1490	Abdankung Erzherzog Siegmunds als Regent Tirols
4. März 1496	Tod Erzherzog Siegmunds in Innsbruck

Vorwort

Die Rekonstruktion des „Historischen Fechtens“, also des Fechtens mit mittelalterlichen Waffen, erfordert eine stetige intensive Forschung sowohl im praktischen wie auch im geschichtlichen Kontext. Es genügt nicht, allein zu wissen und zu üben, wie ein Schwert geschwungen wurde. Ohne den dazu gehörigen Hintergrund bleibt jedes Üben wertlos. Denn Historisches Fechten ist tief in der Geschichte verankert. Denn Kampf war nicht gleich Kampf und die Regeln der Gefechte konnten stark unterschiedlich ausfallen. So mag ein ritterliches Duell beliebig Regeln vereinbaren. Will ein Kombattant sein neues Schlachtross schonen, so sind die Pferde als Trefferzone ausgenommen. In einem anderen Duell ist die Anzahl der Schläge festgesetzt. In der Fechtschule der Fechtmeister und Handwerksgesellen sind Handtreffer, Beinschläge und Rüpeleien untersagt. Im ritterlichen Turnier zerschlagen die Kämpfer über Schranken hinweg Schwerter in Stücke an ihren stählernen Rüstungen. Die Vielfalt der Gefechte und Wettkämpfe ist beeindruckend. Doch leider erhalten wir selten mehr Informationen von einem Gefecht als dessen Ausgang. Die geschichtlichen Quellen, welche ein Gefecht in Detailtreue beschreiben, sind überaus selten und wertvoll.

Der ritterliche Zweikampf zwischen Johann von Waldburg-Sonnenberg und Antonio Maria da Sanseverino ist ein besonderer Diamant der Geschichtsschreibung, der von mehreren Quellen bestätigt wurde. Er nimmt zu Recht einen zentralen Abschnitt in diesem Werk ein. Das Duell der beiden Adeligen im Umfeld des Feldzuges von 1487 ist von äußerster Dramatik geprägt. Doch wie die Historische Fechtkunst ohne den Kontext der Geschichte nicht sein kann, bliebe auch dieser aufregende Zweikampf ohne die Einbettung in die Historie nur eine bedeutungslose Anekdote.

Den historischen Zusammenhang stellen die Autoren Florian Messner und Hagen Seehase in gekonnter Weise in diesem Buch her. Diese Geschichte hat alles zu bieten, was heutzutage Serien im Bezahlfernsehen mühevoll konstruieren: Herausragende Charakterfiguren im Kampf um Macht und Geld, mit Intrigen, Verrat und Tod, Heirat ohne Liebe – dafür aus Machtgier – und finstere Politik mit großen Schlachtszenen. Inmitten derer finden sich heroische Zweikämpfe. Die tatsächliche Geschichte ist oft spannender und dramatischer als die erfundene.

Jens Peter Kleinau, 2019

Vorbemerkung der Autoren

Das in diesem Buch geschilderte Geschehen hat sich in einer Region abgespielt, die teilweise zum deutschen, zum Teil aber auch zum italienischen oder ladinischen Sprachraum zählt.

Die Wiedergabe der Orts- und Personennamen orientiert sich an der kulturellen Zugehörigkeit in der Zeit des Geschehens. Um Missverständnisse zu vermeiden und den leichteren Zugang zu älteren Darstellungen zu ermöglichen, erscheinen – wo nötig – beide Bezeichnungen, wie etwa „Rovereto“ und „Rofreit“ (auf Deutsch).

Bei den Namen großer Städte und Regionen wurden die deutschen Bezeichnungen beibehalten, so heißt es hier „Venedig“ und nicht „Venezia“.

Namen von Herrschern etc. sind in deren Muttersprache gehalten, es heißt also „Charles VII“ und nicht „Karl VII.“ Bei den Namen der Päpste wird die im deutschen Sprachraum geläufige Namensform verwendet.

Die Republik Venedig und Italien im 15. Jahrhundert

Italien war im 15. Jahrhundert ein geographischer und ein kultureller Begriff – aber kein politischer. Italien war kulturell viel homogener als so manches europäische Königreich in jener Zeit. Das weströmische Kaiserreich hatte zwar schon lange aufgehört zu bestehen, Religion und Rechtssystem stammten aber noch aus der Spätphase der Römerzeit. Die italienische Sprache, aus dem Lateinischen hervorgegangen, wurde seit dem 7. Jahrhundert gesprochen. Das von den Poeten der Sizilianischen Schule seit dem 12. Jahrhundert verwendete Italienisch ist auch heute noch zu verstehen. Gemeinsame Kultur und Gebräuche verbanden die Bewohner der italienischen Halbinsel. Von einer politischen Einigung war Italien jedoch weit entfernt. Es bestand aus vielen unabhängigen Fürstentümern. Sardinien (welches seit 1239 den Status eines Königreiches innehatte) war im 15. Jahrhundert ein Vizekönigreich im Besitz der Krone Aragons. Auch das Königreich Sizilien war aragonesischer Besitz. Festland-Sizilien, ebenfalls ein Königreich[1], war häufig umkämpft, wurde aber im 15. Jahrhundert in der Regel von Königen aus dem aragonesischen Herrscherhaus regiert. In der Mitte Italiens lag der vom Papst als weltlichem Herrscher regierte Kirchenstaat. Dann gab es noch die Republiken Florenz, Genua, Venedig, Lucca, Siena und San Marino. Zu den kleineren Fürstentümern zählten Piombino und Monaco, den Rang einer Markgrafschaft hatte Saluzzo. Den Status von Herzogtümern hatten Modena, Mantua, Massa, Ferrara, Urbino und Carrara.[2] Mailand war, von der kurzen Zwischenphase als „Ambrosianische Republik" abgesehen, auch ein Herzogtum.

Bemerkenswerterweise war der venezianische Besitz außerhalb Italiens weit größer als der innerhalb des Landes. Venezianische Territorien befanden sich nicht nur an den Küsten der Adria, sondern überall im östlichen Mittelmeerraum. Vor dem Fall Konstantinopels 1453 gab es sogar venezianische Stützpunkte auf der Krim.

Venezianische Eigentümlichkeiten bezüglich Politik und Gesellschaft im 15. Jahrhundert sind vor der Kulisse der venezianischen Geschichte zu verstehen.

Als im 5. nachchristlichen Jahrhundert die Horden der Völkerwanderungszeit über die italienische Halbinsel hereinbrachen, flüchteten viele der Bewohner der oberen Adria auf die vorgelagerten Inseln der Lagune von Venedig. Besonders die Bedrohung durch die Hunnen unter ihrem legendären König Attila trieb Tausende Flüchtlinge auf die sicheren Inseln.

Als Teil des Exarchats von Ravenna[3] stand Venedig im 6. Jahrhundert offiziell unter byzantinischer Herrschaft. Aufgrund der zunehmenden Bedrohung durch die Langobarden und andere Völkerscharen zogen immer mehr Menschen auf die Inseln der Lagune. Dadurch gewann das sichere Venedig zunehmend an Bedeutung, während das Küstenland wirtschaftlich herabsank. Der Legende nach erhoben im Jahre 697 die zwölf führenden Familien[4] der Stadt den Würdigsten unter ihnen zum ersten Dogen[5] – Paoluccio Anafesto aus Eraclea. Ihm sollten 119 weitere Dogen folgen, bis die Republik Venedig 1797 in den Wirren der Napoleonischen Kriege unterging.

Wie so viele Legenden aus dem Frühmittelalter, so dürfte auch der erste Doge eine Erfindung aus späterer Zeit sein. Als erster Doge gilt deshalb Orso Ipato, der von 726 bis 737 als Oberhaupt der Republik herrschte und von der Volksversammlung (ital. *arrengo*) ernannt worden war. Der Doge besaß sowohl militärische als auch richterliche Macht und war somit auf Lebenszeit uneingeschränkter Herrscher über die Lagunenrepublik.

Mit der Macht kam natürlich auch die Verlockung, eine Familiendynastie aufzubauen, wie es in anderen Stadtstaaten der italienischen Halbinsel im Mittelalter üblich wurde. Das wollten die Familien Venedigs verhindern, denn der Doge sollte nur „primus inter pares" sein und keinesfalls autoritär herrschen. So entwickelte sich ab dem 12. Jahrhundert ein komplexes Wahlverfahren, das nach dem Tod eines Dogen anlief und von einer 40 Mann starken Kommission überwacht wurde. Zudem stellte man dem Dogen ab Mitte

1 Dieses Territorium wird manchmal auch „Königreich Neapel" genannt. Bis zum Jahre 1302 hatte es zusammen mit der Insel Sizilien ein Königreich gebildet.

2 Vgl. Paoletti, Ciro: A Military History of Italy, Westport und London 2008, S. 4.

3 Das Exarchat von Ravenna war ein byzantinischer Verwaltungsbezirk in Nordostitalien und umfasste die westliche Adriaküste von Ravenna bis Perugia. Gegründet wurde es um 584, es sollte die Herrschaft Ostroms gegen die Langobarden sichern. Nach und nach gingen alle Teile des Exarchats verloren, bis der langobardische König Aistulf im Jahre 751 Ravenna eroberte.

4 Die zahlreichen Adelsfamilien wurden ab 1350 kanonisiert, sodass es eine Gruppe von 24 (bzw. 25) „*case vecchie*" (alte Adelshäuser) gab, die sich von den jüngeren Adeligen („*case nuove*") in Macht und Einfluss abhob. Diese alten Familien teilten sich dann in zwei Gruppen auf, die „*duodecim nobiliorum proles Venetiarum*" und die „*que in nobilitate secuntur stirpes XII superius memoratas*". Diese Familien stellten die Dogen und versuchten immer wieder Dynastien zu errichten. Die bekanntesten Familien waren etwa Badoer, Barozzi, Dandolo oder Tiepolo.

5 Der Begriff „Doge" stammt aus dem Italienischen und ist eine Abwandlung des lateinischen „Dux", was soviel wie „Anführer" bedeutet. In der Spätantike bezeichnete man den obersten militärischen Befehlshaber einer Grenzprovinz als Dux. Das Dogenamt gab es u.a. auch in Genua, aber jenes in Venedig war bei weitem das mächtigste und langlebigste. Als Zeichen seiner Macht trug der Doge von Venedig ab dem 14. Jahrhundert die typische Kopfbedeckung des „*Corno Ducale*", eine phrygische Mütze mit einem Horn auf einem Kronreif.

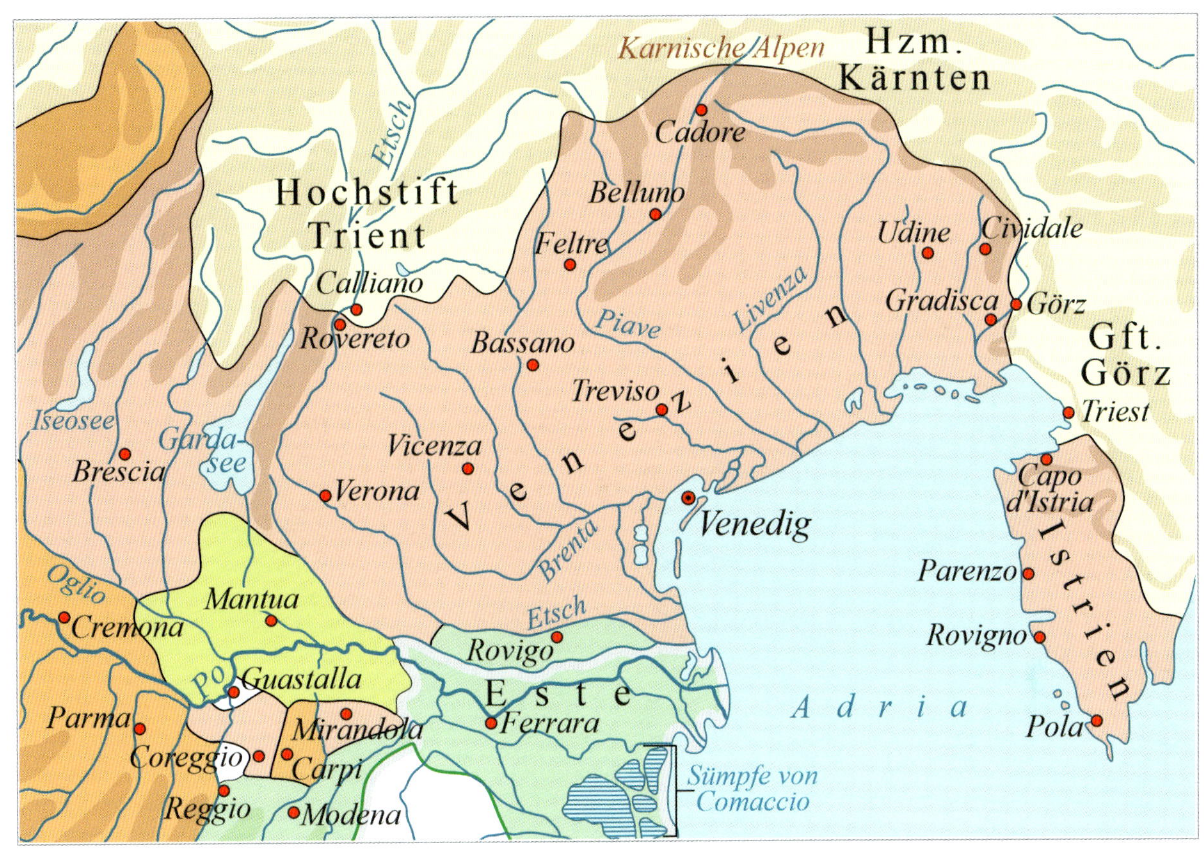

Die italienischen Besitzungen Venedigs um 1480.
Karte: Bernhard Glänzer

des 12. Jahrhunderts den „Großen Rat"[6] zur Seite. Dieser Große Rat kontrollierte nicht nur die Republik, sondern wählte auch den Dogen.[7]

Um die effektive Regierungsarbeit zu gewährleisten, entwickelte sich im 15. Jahrhundert der „Kleine Rat" (*Consiglio Minore*), besser bekannt als „*Signoria*". Sie ergänzte die Macht des Dogen und konnte ihn zur Not auch absetzen. Die Räte ernannten unter anderem jedes Jahr über 400 verschiedene Amtsträger, sodass ein hochkomplexer Machtapparat entstand, der aber immerhin mehrere hundert Jahre funktionierte.[8]

Mit dem Dogen an der Spitze konnte Venedig die anstürmenden Heerscharen der Völkerwanderung auf Distanz halten. Die Eroberung des Exarchats von Ravenna durch die Langobarden im Jahre 751 stärkte Venedig auf lange Sicht sogar. Denn aufgrund seiner vorteilhaften Lage wurde es bald zum Zentrum des Seehandels in der Adria. Der offizielle Titel der Lagunenstadt lautete „*Serenissima Repubblica di San Marco*", zu Deutsch „Die allerdurchlauchtigste Republik des Heiligen Markus".[9]

6 Dieses „*Maggior Consiglio*" setzte sich aus den Vertretern der führenden Familien der Stadt zusammen, die zunächst wechselten, ab 1297 („*serrata*") aber fest bestimmt waren. Im Großen Rat saßen alle männlichen Vertreter der alten Adelshäuser, sodass er Anfang des 16. Jahrhunderts über 2.000 Mitglieder besaß.

7 Die Republik war nach heutigen Maßstäben auf keinen Fall eine Demokratie, sondern eine Oligarchie, bei der die mächtigsten Familien den jeweiligen Herrscher bestimmten.

8 Neben diesen Institutionen gab es noch eine Reihe weiterer Gruppen, die teils überlappende Funktionen besaßen, darunter der Senat, der Rat der Weisen („*Collegio dei Savi*"), der Rat der Vierzig („*Quarantia*") und der Rat der Zehn („*Consiglio dei Dieci*")

9 Der Heilige Markus ist seit 828 Schutzpatron der Stadt, als venezianische Kaufleute die Reliquien des Heiligen aus Alexandria entführten und im heutigen Markusdom bestatteten. Deshalb führt Venedig bis heute den geflügelten Markuslöwen im Wappen.

Heute verbindet man mit dem Namen Venedig vor allem die Inseln der weltberühmten Lagune. Im Laufe des Mittelalters und der frühen Neuzeit besaß die Serenissima eine ungleich umfangreichere Ausdehnung: Dank ihrer brillanten Händler im Brennpunkt zwischen Orient und Okzident entstand eine Wirtschaftsmetropole, die ihre Handelsmillionen in Söldnerheere und Flotten investierte, um ihre Ländereien stetig zu erweitern. Den vorläufigen Höhepunkt dieses Machtstrebens bildete der Vierte Kreuzzug, als es den Venezianern 1204 gelang, das Kreuzfahrerheer, das eigentlich Ägypten befreien sollte, nach Konstantinopel umzuleiten.[10] Auf den Trümmern der Stadt errichtete man das Lateinische Kaiserreich, das Venedig mehr als hörig war. So konnte die Serenissima weite Teile der Peloponnes und die umliegenden Inseln besetzen, unter anderem Kreta, Euböa (italienisch: *Negroponte*) und Zypern.[11]

Für die neuen Machtbereiche entstanden die Begriffe „*Dogado*“ (die eigentliche Lagune mit dem Küstenstreifen), „*Domini di Terra Ferma*“ (die Besitzungen auf dem Festland, v.a. in Norditalien) und „*Stato di Mar*“ (die Besitzungen im östlichen Mittelmeerraum).

Auf der italienischen Halbinsel befand sich Venedig im steten Konflikt mit den angrenzenden Stadtstaaten. Insbesondere die Handelsmetropolen und Seerepubliken von Genua und Pisa leisteten der Serenissima zu Land und zu Wasser Widerstand. Im Chioggia-Krieg (1378–1381) gelang es Venedig schließlich nach erbittertem Kampf die Genueser aus der Adria zu vertreiben und deren Konkurrenz im östlichen Mittelmeerraum auszuschalten.

Der Doge Michele Steno (1400–1413) forcierte daraufhin die aggressive Ausdehnung auf dem italienischen Festland, der Terra Ferma. Nachdem Verona bereits eingegliedert war, fielen nach dem Tod des Mailänder Herrschers Gian Galeazzo Visconti 1402 nahezu das gesamte Venetien, Friaul und auch Teile Dalmatiens unter die direkte Herrschaft Venedigs. Diese Politik missfiel Kaiser Sigismund (1368–1437), da die Gebiete eigentlich Bestandteil des Heiligen Römischen Reiches waren. So kam es zwischen 1411 und 1420 zu zwei teils sehr intensiven Kriegen, aus denen Venedig als Sieger hervorging und seine Grenzen bis an die Grafschaften Tirol und Görz im Norden schob.

Kaiser Sigismund musste sich mit dieser Schmach abgeben und verlieh 1437 die Terra Ferma und Dalmatien dem Dogen Marco Dandolo als Reichslehen. Dieser war hierfür extra an den Hof des Kaisers nach Prag gereist, um diesen politischen Sieg öffentlich abzusichern. Das Dogato, also die Inseln in der Lagune, blieb davon explizit ausgenommen, denn es gehörte offiziell immer noch zu Ostrom.

Durch diese Erfolge angespornt, heuerten die Dogen die bekanntesten Condottieri ihrer Zeit an. Diese Söldnerführer kommandierten ihre eigenen Einheiten, die sie einem Dienstherrn für einen gewissen Zeitraum zur Verfügung stellten.

So stellten sich etwa Erasmo de Narni, genannt „Gattamelata“[12], und Francesco Bussone[13], genannt „Carmagnola“, in den Dienst der Dogen und überzogen die norditalienischen Städte mit Krieg. Hauptziel der Expansion war vor allem das bröckelnde Herzogtum Mailand. Der Doge Francesco Foscari (1427–1453) ließ seine Truppen weit in die Lombardei vorstoßen, die wichtigen Festungsstädte Brescia und Bergamo fielen und 1433 stand Venedig am Fluss Adda – kaum 30 Kilometer vor Mailand.

In den darauffolgenden Jahren gelang es Mailand zurückzuschlagen und 1438 Brescia zu belagern. Gattamelata konnte sich mit seiner Streitmacht von knapp 3.000 Mann absetzen, schlug sich nach Norden durch und erreichte im weiten Bogen wieder venezianisches Territorium.[14]

Brescia leistete den Mailänder aber weiterhin Widerstand und so schmiedete die Serenissima Pläne, die Stadt zu entsetzen. Sämtliche Straßenverbindungen waren allerdings vom Feind besetzt und zudem bildete der Gardasee eine natürliche Barriere. Da entschlossen sich die Venezianer zu einem der abenteuerlichsten Unternehmen der Kriegsgeschichte: Der Eroberung des Gardasees mit Schiffen aus der Adria.

10 Bei der Plünderung der Stadt erbeuteten die Venezianer die vier weltbekannten Pferdeplastiken (Quadriga) aus Bronze, die heute den Markusdom schmücken. Es handelt sich hierbei um die einzig überlebende Quadriga aus der Römischen Antike, welche wahrscheinlich aus dem 3.- 4. Jahrhundert n. Chr. stammt.

11 Die venezianische Herrschaft über die Ägäis dauerte weit bis ins 16. Jahrhundert, als das Osmanische Reich nach und nach alle Inseln eroberte.

12 1370-1443. Sein Beiname bedeutet soviel wie honigfarbige Katze und sollte auf seine Gewitztheit hindeuten, auch aus den verfahrensten Situationen siegreich hervorzugehen. Gattamelata war einer der erfolgreichsten Condottieri Italiens, kämpfte für den Papst, Florenz und schließlich für Venedig, wo er zum Generalkapitän aufstieg. Als Höhepunkt seiner militärischen Karriere eroberte er 1439 Verona von den Visconti. Als Herrscher von Padua war er auch ein großer Förderer der Kunst, sodass der berühmte Renaissancekünstler Donatello von Gattamelata ein lebensgroßes Reiterstandbild aus Bronze anfertigte – das erste seit der Römischen Antike.

13 1380–1432. Francesco stammte aus der Grafenfamilie aus Carmagnola, deshalb der Beiname. Neben Gattamelata ist er wohl der bekannteste venezianische Condottiere. Er begann seine Karriere in den Diensten der Mailänder, heiratete sogar eine Visconti und wechselte schließlich 1425 auf die Seite Venedigs. In der siegreichen Schlacht von Maclodio gegen Mailand (1427) ersann Carmagnola enorme Armbrüste, die er auf Karren montieren ließ. Nach einer Niederlage gegen die Mailänder, klagte der Rat der Zehn Carmagnola als Verräter an und ließ ihn in der Öffentlichkeit enthaupten. Das Geständnis war allerdings unter Folter erpresst und heute geht man davon aus, dass man Carmagnola als Sündenbock missbrauchte.

14 Für diese taktische Meisterleistung wurde Gattamelata zum militärischen Oberbefehlshaber Venedigs ernannt.

Diese Gruppe von Fußsoldaten ist überwiegend mit Stangenwaffen ausgerüstet,
die man auch „italienische Hellebarden" nannte.
Foto: Città del Grifo

Transport der venezianischen Schiffe über Land zum Gardasee, Stich von Giuseppe Lorenzo Gatteri aus dem Jahre 1852.

Das engagierte Unterfangen stand allerdings vor einer gewaltigen Schwierigkeit, denn die Mailänder kontrollierten den Nord-, Süd- und Westbereich des Sees und damit auch die Zuflüsse. Gattamelata ersann deshalb einen kühnen Plan, der umgehend umgesetzt wurde. Eine venezianische Flotte wurde über die Etsch und rund 20 km über Land zum Gardaseee gebracht. Nach einem denkwürdigen Sieg auf dem Gardasee 1440 konnten sich die Venezianer endgültig im Norden durchsetzen. In einem letzten verzweifelten Bündnis mit Florenz, Bologna und Cremona, versuchte der Mailänder Herrscher Filippo Maria Visconti (1392–1447) noch die Angriffe der Venezianer abzuwehren. Doch in der Schlacht von Castelmaggiore konnte Venedig den Sieg erringen und den letzten der Visconti aus Mailand vertreiben. Die Kriege gegen Mailand endeten mit dem Frieden von Lodi 1454, in dem Venedig sämtliche Eroberungen östlich der Adda zugestanden wurden.

Die Serenissima hatte nun vorerst ihre Vormachtstellung in Norditalien zementiert. Sie erstreckte sich im Süden bis nach Ferrara, im Westen bis zur Adda und stieß in Norden und Osten an die Herrschaften der Habsburger: Krain, Görz und Tirol.

Während der Regierungszeit des 72. Dogen, Giovanni Moncenigo, wurde der 16-jährige Krieg gegen die Türken im Jahre 1479 beendet, Venedig musste aber herbe Gebietsverluste im östlichen Mittelmeer hinnehmen. Außerdem kam es zu sporadischen Ausbrüchen der Pest. Durch Konflikte mit Florenz und Ferrara zog sich Venedig den Kirchenbann zu. Giovanni Moncenigo starb am 4. November 1485, sein Nachfolger wurde Marco Barbarigo, der aber schon am 14. August 1486 verstarb. Es machten Gerüchte die Runde, er sei ermordet worden.[15]

15 Diese Vermutung ist aber höchstwahrscheinlich unzutreffend. Vgl. Bertolizio, Giorgio: Dogi; Nullità al potere, Rom 2013, S. 233.

Venezianischer Würdenträger ►
Foto: Condottieri Mauriziani

Waffenübungen bilden für die Milizen der norditalienischen Städte, wie auch für die zahlreichen Söldnerverbände einen regelmäßig wiederkehrenden Teil des Alltags. Als Hauptbewaffnung des Fußvolkes werden vor allem Spieße und Glefen verwendet, die in Italien eine besonders üppige Formenvielfalt vorzuweisen haben.
Foto: Città del Grifo

Hellebarden und Roßschinder waren noch zeitgemäße Waffen, aber das Zweitalter der Langspieße hatte begonnen.
Foto: Città del Grifo

Porträt des Dogen Agostino Barbarigo,
Archiv des Autors

Sein Bruder Agostino Barbarigo wurde der 74. Doge. Er zeichnete sich durch militärische Erfahrung, aber auch durch einen Hang zum Nepotismus und zur Selbstherrlichkeit aus und war in Venedig nicht unumstritten.

Herzog Siegmund der Münzreiche

Inmitten der Alpen lag die Gefürstete Grafschaft Tirol. Die Tiroler Grafen hatten ihre Besitzungen ursprünglich im Vinschgau. Sie erwarben von den Bischöfen von Brixen und Trient Kastvogteirechte, das waren weltliche Herrschaftsrechte in Vertretung der geistlichen Herren. Schon bald aber übten die Tiroler Grafen diese Rechte höchst eigenmächtig aus und drängten die politische Macht der Bischöfe zurück und vergrößerten sogar ihr Territorium auf Kosten der Bischöfe. Ein ähnlicher Prozess (wenn auch mit anderem Ausgang) fand im Westen Tirols in Bezug auf den Bischof von Chur statt. Graf Albert III. von Tirol und besonders sein Enkel Graf Meinhard II. von Tirol-Görz [16] vergrößerten ihre Macht und ihren Besitz durch Fehden, Kauf und Erbfall auf Kosten anderer vormals mächtiger Adelsgeschlechter, wie den Herren von Eppan oder den Herren von Wangen. So sicherte sich Graf Meinhard II. schon einen relativ arrondierten Machtbereich. Auch nach innen konsolidierte der Graf sein Herrschaftsgebiet. Während seiner Regierungszeit entstanden Anfänge eines Landrechts, er förderte den Aufbau einer (nach mittelalterlichen Maßstäben) straffen Verwaltung und schuf Hofämter mit klaren Kompetenzen. Zudem unterstützte er den Landesausbau, er verbesserte die Rechtsstellung der Bauern und förderte die sich entwickelnden Städte. Damit drängte er die Macht des einsässigen Adels zurück. Landgerichte wurden aufgebaut, landesfürstliche Richter und Pfleger kümmerten sich um Gerichtsbarkeit, Steuern und Wehrwesen. Jährlich mussten sie Rechenschaft ablegen. Schon früh setzte sich in Tirol die landesfürstliche Gewalt gegenüber dem Adel durch.

Graf Meinhard II. unterstützte König Rudolf I. von Habsburg, dem er seit einem Italienzug freundschaftlich eng verbunden war, in der Auseinandersetzung mit König Ottokar II. von Böhmen und wurde dafür 1286 in den Rang eines Reichsfürsten [17] erhoben und mit dem Herzogtum Kärnten belehnt. Außerdem wurde die Verehelichung ihrer beiden Kinder beschlossen: Meinhards Tochter Elisabeth heiratete Albrecht I., den deutschen König von 1298 bis 1308, und das Paar wurde zu den Stammeltern der späteren Habsburger. Durch diesen Ehebund sollte späterhin Tirol an Habsburg fallen. Im Jahre 1307 wurde Meinhards Sohn Heinrich zum König von Böhmen gewählt und regierte in Personalunion über Böhmen und Tirol. Seine Herrschaft in Böhmen hielt aber nur bis zum Jahre 1310. In Tirol gelang es ihm aber, die Lehnshoheit der Trienter und Brixener Bischöfe weiter zurückzudrängen. Nach seinem Tod anno 1335 übernahm seine Tochter Margarete [18] die Herrschaft über Tirol und heira-

16 Meinhard wurde um 1239 geboren, de jure war er seit 1258 Graf von Tirol, de facto seit 1259. Er verstarb am 30. Oktober 1295 in Greifenburg.

17 Damit wurde die Grafschaft Tirol ein Reichslehen.

18 Genannt auch „Margarete Maultasch“, sie wurde im Jahre 1318 in Tirol geboren und verstarb am 3. Oktober 1369 in Wien.

tete 1342 Ludwig V. von Bayern aus dem Haus Wittelsbach. Als Ludwig V. dann im Jahre 1361 starb, übernahm kurzzeitig Margaretes Sohn Meinhard III. für zwei Jahre die Herrschaft. Als dieser 1363 ohne Nachkommen starb, wurde Rudolf IV. aus dem Hause Habsburg Graf von Tirol. Die Habsburger behielten als Grafen die Unabhängigkeit Tirols bei. Im Frieden von Schärding 1369 erkannten die Wittelsbacher Tirol als Besitz der Habsburger an. Und es war ein wertvoller Besitz.

Tirol reichte südlich bis zum Gardasee und kontrollierte die wichtigsten Handelsrouten über die Alpen. Über Brenner, Arlberg, Reschenpass und Fernpass zogen jedes Jahr Tausende Händler mit ihren Waren und bescherten Tirol ein Vermögen an Zolleinnahmen. Daneben warfen die Bergwerke des Landes immensen Profit ab. Besonders der Silberbergbau in Schwaz sorgte für einen Geldsegen im Haushalt der Tiroler Landesfürsten.[19] Ein der schillerndsten Figuren unter den Herrschern Tirols war Herzog Siegmund.

Sein klingender Beinamen – er wurde „der Münzreiche“ genannt – geht aber ausschließlich auf seine Praxis zurück, Münzen prägen zu lassen. Aufgrund seines (nicht zeituntypischen) Hanges zur Geldverschwendung war er chronisch klamm.

Einen wesentlichen Beitrag zu diesem Bild Erzherzog Siegmunds als Verschwender und Möchtegern hat der französischen Historiker und Diplomat Philippe de Commynes geliefert. In seinen Memoiren, die lange als regelrechtes Lehrbuch für Diplomatie galten und weit über 100 Auflagen erreichten, kommt Siegmund nicht besonders gut weg: *„Er war ein Mann von wenig Verstand und wenig Ehre; bei solchen Freunden findet man wenig Hilfe. Er gehört zu den Fürsten, von denen ich anderswo gesagt habe, sie wollen nichts von ihren Geschäften wissen als das, was ihren Dienern ihnen davon mitzuteilen beliebt.“*

Dabei ließ sich zunächst alles gut an für den jungen Herzog aus dem Geschlecht der Leopoldinischen Habsburger. Seinem Vater Friedrich IV.[20] war es gelungen, nach einer bewegten Jugend in Armut, Reichsacht und Kirchenbann das Land Tirol zusammenzuschweißen. Friedrichs Truppen hatten die adelige Opposition im Inneren zerschlagen oder gefügig gemacht und den Konflikt mit den Eidgenossen[21] überstanden. Außerdem standen seine Soldaten in Trient, der Stadt des aufmüpfigen Erzbischofs Alexander von Masowien[22], um den Kirchenfürsten unter Druck zu setzen. Dieser hatte versucht, sich Mailand und Venedig anzunähern, und einen blutigen Aufstand seiner Untertanen ausgelöst.

Zudem hatte man im Raum Schwaz, am sogenannten Falkenstein, in den 1420er-Jahren eines der größten Silbervorkommen Europas entdeckt. Mit diesen Einnahmen und dank seiner soliden Wirtschaftsweise konnte sich Herzog Friedrich[23] erfolgreich sanieren und zu einem der mächtigsten Fürsten Europas aufsteigen. In der Zeit vor seinem Tod erlebte die Grafschaft Tirol ihren Höhepunkt an Macht und Ansehen.

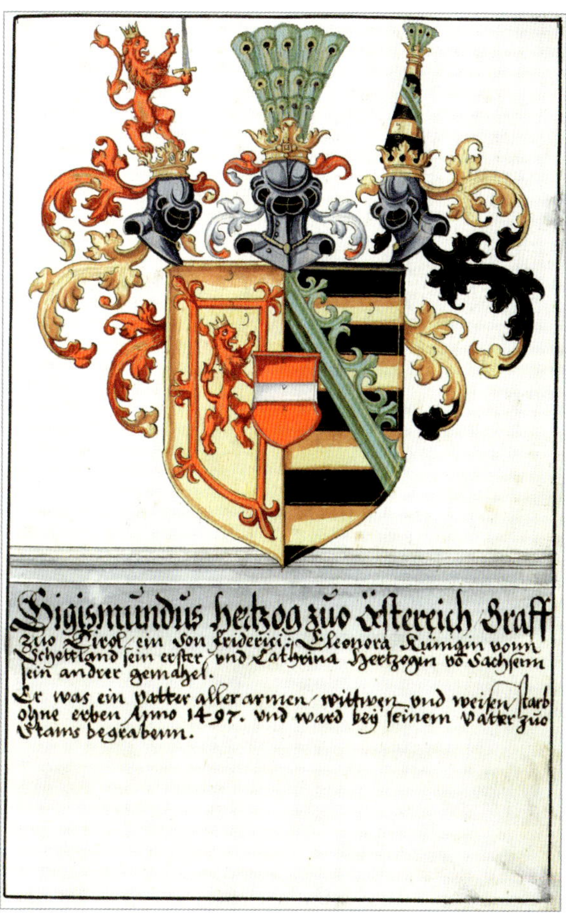

Wappen Erzherzog Siegmunds von Tirol.
Wappenbuch des Hans Ulrich Fisch

19 Die Einkünfte des Grafen von Tirol betrugen um die Mitte des 15. Jahrhunderts rund 117.000 Gulden. Andere Reichsfürsten nahmen sich dagegen ärmlich aus: so betrugen die jährlichen Einkünfte des Herzogs von Sachsen 39.000 Gulden, die des Markgrafen von Brandenburg 33.000 Gulden, die des Erzstifts Köln 49.000. Nur der Kurfürst der Pfalz verfügte mit jährlichen Einnahmen von rund 100.000 Gulden über ähnlich hohe Einkünfte.

20 Geboren 1382; verstorben am 24. Juni 1439 in Innsbruck, Tirol

21 Gemeint sind die sogenannten „Appenzellerkriege“ von 1401 bis 1429.

22 Auch: Aleksander Mazowiecki; geboren 1400 in Płock, Polen; verstorben am 4. Juni 1444 in Wien

23 Der Volksmund nannte ihn später „Friedl mit der leeren Tasche“

Fahnen unterschiedlichster Gestalt und Ausführung sind bedeutende Identifikationsobjekte, in denen sich Macht, Ansehen und Ehrenhaftigkeit einzelner Heerführer und Truppenteile für jedermann sichtbar manifestieren. Nicht selten berufen sie sich mit Wort und Bild auf himmlische Mächte. Im oft unübersichtlichen Kampfgeschehen dienen sie als Orientierungspunkte für Heerführer wie Kriegsknechte gleichermaßen. Sie sind für den Gegner begehrte Beutestücke, die zum Gedenken eines Sieges oft in Kirchen und anderen öffentlichen Gebäuden aufgehängt werden.
Foto: Città del Grifo

In diese heile Welt gebar Anna von Braunschweig-Göttingen[24], die zweite Gemahlin Herzog Friedrichs[25], am 26. Oktober 1427 den lang erhofften Thronfolger. Während der Vater Politik in großem Maßstab betrieb, wuchs Siegmund (auch „Sigmund" oder „Sigismund" genannt) wohlbehütet im Neuhof, der landesfürstlichen Residenz, im Herzen von Innsbruck auf.

Über die Kindheit Siegmunds ist nur wenig bekannt. Sie dürfte sich aber ganz wesentlich von der seines Vaters Friedrich unterschieden haben. Dieser hatte bereits mit vier Jahren seinen Vater verloren, der in der Schlacht von Sempach 1386 von den Eidgenossen erschlagen wurde. Fortan musste Friedrich einen harten Kampf um sein Erbe schlagen, bis er schließlich auch den letzten Feind bezwungen hatte.

Siegmund wuchs in friedlichen Zeiten auf und konnte das beträchtliche Vermögen seines Vaters nutzen, um sorgenfrei zu leben. Es kam sogar zu einem offiziellen Verlöbnis von Siegmund mit Prinzessin Radegunde, der ältesten Tochter des französischen Königs Charles VII. Eine Versippung mit den Valois – dem französischen Königshaus – hätte erhebliche politische Folgen haben können.

Aber schon bald war es vorbei mit dem schönen Leben und das erste unglückliche Ereignis einer langen Kette von Kalamitäten traf den jungen Fürstensohn: Im Jahre 1439 verstarb Herzog Friedrich IV. in Innsbruck mit kaum 57 Jahren. Er hinterließ seinem Sohn ein wohlgeordnetes Land Tirol mit beachtenswerten Einkünften. Doch gerade dieser Reichtum weckte die Gier der Mächtigen Europas und Siegmund hatte das Pech, zwei sehr mächtige und skrupellose Vettern zu haben.[26]

Die beiden österreichischen Herzöge Friedrich V.[27] und Albrecht VI.[28] waren die Neffen von Siegmunds Vater und nur zwölf beziehungsweise neun Jahre älter als Siegmund. Und sie zeigten keine Skrupel, den jungen Verwandten zumindest vorläufig kaltzustellen. Herzog Friedrich, der spätere König und Kaiser, übernahm als Ältester der österreichischen Habsburger die Vormundschaft über Siegmund. Damit eignete er sich de facto die Herrschaft und die Einkünfte Tirols an und sein Bruder Albrecht VI. die der österreichischen Vorlande.[29]

Unter dem Vorwand, den jungen Herzog besser unterrichten und auf die Übernahme der Herrschaft vorbereiten zu können, ließ Friedrich ihn in die Steiermark nach Graz verbringen. Der eigentliche Grund lag wohl eher darin, dass Siegmund nun fern von seinen angestammten Landen wohnte und so kaum mehr Einfluss besaß. Darüber hinaus beschlagnahmte Friedrich große Teile der beträchtlichen Tiroler Schatzkammer, vermeintlich um sie für Siegmund aufzubewahren. Natürlich sollten diese Schätze nie wieder nach Tirol zurückkehren, dazu konnte Friedrich das Vermögen viel zu gut selbst gebrauchen.

Siegmund befand sich nun weitab der Zentren der Macht. Auch wenn ihn sein Vetter Friedrich in Graz praktisch gefangen hielt, genoss er eine umfassende Ausbildung. Unter anderem unterrichtete ihn Enea Silvio Piccolomini, der spätere Papst Pius II. Dieser soll den jungen Herzog, wohl im Auftrag Friedrichs III., versucht haben, zu einer geistigen Karriere zu überreden, da dessen Intellekt zu Höherem berufen sei. Siegmund ließ sich davon aber nicht entmutigen und forderte 1443, als er mit 16 Jahren offiziell volljährig geworden war, seine Entlassung aus der Vormundschaft.

Pech für ihn, denn Friedrich hatte nicht vor, auf die Einkünfte des reichen Tirols zu verzichten. Zudem hielt er mit den Tiroler Alpenpässen den kürzesten Weg nach Westen und Süden in Händen. Denn im Westen tobte der „Alte Zürichkrieg" (1440–1446), bei der die Stadt Zürich, gemeinsam mit Herzog Friedrich von Österreich, gegen die anderen Orte der Eidgenossenschaft kämpfte. Die Verlobung Siegmunds mit der französischen Prinzessin benutzend, brachte König Friedrich die französische Krone dazu, ein Söldnerheer – die sogenannten „Armagnaken" gegen die Eidgenossen in Marsch zu setzen. Trotz der Unterstützung durch den vorländischen Adel gelang es den Armagnaken nicht, die Eidgenossen entscheidend zu schlagen.[30] In der äußerst blutigen Schlacht von St. Jakob an der Birs 1444 zeigten die Eidgenossen, zu welchen militärischen Leistungen sie imstande waren und das Heer der Armagnaken zog wieder ab. Danach marodierte die Söldnertruppe noch einige Monate im Elsass, das zu einem nicht geringen Teil im Besitz der Habsburger war.

Siegmund bemühte sich von Graz und Wien aus, die Herrschaft in Tirol zu erlangen, aber König Friedrich hielt ihn immer wieder hin. Als die Tiroler Stände zu murren begannen, da sie Friedrichs harte Herrschaft satthatten, kam eine unerwartete Botschaft aus Wien: Siegmund hatte im Juli 1443 der Verlängerung der Vormundschaft zugestimmt und zwar für weitere sechs Jahre! Wenn man bedenkt, dass Siegmund vor der Unterzeichnung alles versucht hatte, um genau dies zu vermeiden, muss man davon ausgehen, dass dies nicht freiwillig geschehen war. Wahrscheinlich war er von Friedrich regelrecht erpresst worden.

24 Geboren um 1390; verstorben am 10. August 1432

25 Friedrich war in erster Ehe mit Elisabeth von der Pfalz verheiratet gewesen, die nach nur zwei Ehejahren verstarb.

26 Vgl. Krones, Franz von: Sigmund, Erzherzog von Oesterreich in: Allgemeine Deutsche Biographie, herausgegeben von der Historischen Kommission bei der Bayerischen Akademie der Wissenschaften, Band 34 (1892), S. 286–294, hier: S. 286.

27 Als Kaiser wurde er später „Friedrich III." genannt.

28 Geboren am 18. Dezember 1418 in Wien; verstorben am 2. Dezember 1463 ebenda

29 Das waren der größte Teil Vorarlbergs, die Grafschaft Pfirt, der Großteil des Oberelsass´, die vier Waldstädte am Hochrhein und die Grafschaft Hauenstein im Südschwarzwald.

30 Wenn die französische Krone das jemals vorgehabt hätte; vermutlich wollten König und Dauphin zumindest das Hochstift Basel und das Elsass unter ihre Kontrolle bringen.

Der Protest aus Tirol ließ nicht lange auf sich warten. Um Oswald von Wolkenstein[31], den bekannten Minnesänger, und seinen Bruder Theobald scharte sich eine Gruppe Adeliger, die König Friedrich in seiner Funktion als Graf von Tirol die Gefolgschaft aufkündigten. Sie organisierten einen Landtag in Meran, zu dem auch Herzog Siegmund eingeladen war, dessen Kommen der König aber zu verhindern wusste. Auf dem Landtag kamen die Stände überein, dem König keine Steuern mehr zu zahlen, bis er Siegmund herausgäbe. Außerdem sicherte man die Grenzen, um einen militärischen Schlag Friedrichs abwehren zu können. Städte, die mit dieser harten Vorgehensweise nicht einverstanden waren, gerieten unter die Räder. Im Zuge dessen eroberte im April 1444 ein Tiroler Heer die Stadt Trient.

Im „Alten Zürichkrieg" zeichnete sich derweilen eine Niederlage für König Friedrich ab, ein Entsatz der Stadt durch die Armagnaken hatte sich wie erwähnt nicht materialisiert. Um wenigstens das aufmüpfige Tirol endlich unter Kontrolle zu bringen, wollte Friedrich Siegmund die Herrschaft überlassen, aber nicht, ohne ihn nochmals zu erpressen: Im Februar 1445 musste der junge Siegmund seinem Vetter die Pfandschaften Laxenburg, Mödling, Starhemberg und Wartenstein ohne Gegenleistung überlassen. Zudem sollte er nach der Übernahme der Herrschaft in Tirol stets zu Diensten sein und musste Friedrichs Zustimmung bei politischen Entscheidungen einholen. Die österreichischen Vorlande blieben weiterhin in der Hand Albrechts VI., zunächst auf sechs Jahre befristet. Hierfür verpflichtete sich Siegmund, dem Vetter jährlich 20.000 Gulden zu zahlen, um dessen Krieg gegen die Eidgenossen zu finanzieren.

In Vertrauen auf seine Tiroler Untertanen und Charles VII, König von Frankreich und sein zukünftiger Schwiegervater, erklärte sich Siegmund mit den harschen Bedingungen einverstanden. Er hoffte wohl, dass er als selbstständiger Landesfürst die fast schon entwürdigenden Verhältnisse verbessern könnte. In dieser angespannten Situation verfolgte das Pech den Herzog aber noch immer: Prinzessin Radegunde von Frankreich verstarb während den Vorbereitungen für die Hochzeit im März 1445. Das verhinderte nicht nur Siegmunds Sprung auf das politische Parkett Europas, sondern auch eine gewisse Unabhängigkeit von seinen habsburgischen Verwandten durch eine enge Bindung an Frankreich.

Die Tiroler Stände waren es, die mit ihrer Drohung, den bewaffneten Kampf gegen die Herzöge Friedrich und Albrecht zu wagen, Siegmunds Freilassung am 9. April 1446 erzwangen.

So konnte er am 28. April 1446 in Tirol doch als Landesherr einziehen. Trotz der hohen Abgaben an seine beiden Vettern Friedrich und Albrecht konnte der Landesfürst finanziell aus dem Vollen schöpfen. Zunächst

31 Geboren wurde er um 1377 vermutlich auf Burg Schöneck im Pustertal/Südtirol; verstorben ist er am 2. August 1445 in Meran.

Die Gradner-Brüder

Als Herzog Siegmund 1448 in Innsbruck einzog, brachte er die Brüder Vigilius und Bernhard Gradner von Windisch-Grätz, steirische Ritter, mit. Beide standen in hoher Gunst beim jungen Herzog, der sie schnell zu seinen Räten machte. Er überhäufte beide mit Gunstbeweisen, darunter befanden sich sogar heimgefallene Lehen, wie die Burg Lichtenberg im Vinschgau. 1449 heiratete Bernhard Gradner Veronica, das einzige Kind von Ulrich von Starkenberg. Der war mit seinem Bruder Wilhelm Anführer einer Adelsfronde gegen den vorherigen Herzog Tirols gewesen. Siegmund hatte Wilhelm in Gnade wiederaufgenommen, Veronica hatte er als Erbin Ulrichs – dessen Schicksal ist ungeklärt, 1430 wurde er für tot erklärt – bestätigt.

1451 lieh sich Siegmund von Bernhard Gradner, den er inzwischen zum Hofmarschall gemacht hatte, die beträchtliche Summe von 24.000 Gulden. 1454 gingen die Burgen Pietra und Beseno als Lehen des Hochstifts Trient auf Betreiben Herzog Siegmunds an die Brüder Gradner über. Siegmunds Cousin Albrecht begann, heftige Anschuldigungen gegen die Gradners zu erheben. Darin wurde er unterstützt von den anderen Räten Siegmunds, insbesondere von Ulrich von Matsch. Beide Gradner wurden ihrer Ämter enthoben und im Januar 1456 des Landes verwiesen. Während sich Vigilius und Bernhards Frau Veronica in die Eidgenossenschaft begaben, glaubte Bernhard in seiner starken Burg Beseno aushalten zu können. Truppen des Trienter Bischofs belagerten die Burg im Sommer 1456 wochenlang, bis Bernhard schließlich aufgab und ebenfalls in die Eidgenossenschaft ging.

Nach: Jäger, Albert: Die Fehde der Brüder Vigilius und Bernhard Gradner gegen Herzog Sigmund von Tirol, in: Denkschriften der kaiserlichen Akademie der Wissenschaften, Wien 1859, S.233–301.

Burg Sigmundskron, Zeichnung: Wolfgang Braun

klappte auch alles vorzüglich: Dank der Unterstützung des Tiroler Landtages gelang es Siegmund, die Verwaltung zu modernisieren, die Handelswege auszubauen und vor allem den Silberabbau in Schwaz zu forcieren. So entstand in den Jahren 1447 bis 1449 die Schwazer Bergordnung, welche Vorbildwirkung für ganz Europa und die Neue Welt besitzen sollte.

Nach dem frühzeitigen Tod seiner versprochenen Braut machte sich Siegmund auf die Suche nach einer neuen Heiratskandidatin. Über die Vermittlung befreundeter Adeliger am französischen Hof kam es zur Eheschließung mit der schottischen Königstochter Eleonore[32]. Mit Eleonore stand nun eine tatkräftige und selbstbewusste Frau an Siegmunds Seite; Eleonore war hochgebildet, literarisch tätig und regierte bei sporadischer Abwesenheit ihres Mannes Tirol alleine.

Ein großes Unglück, auch politisch, stellte die Kinderlosigkeit des Paares dar. Dies dürfte aber nicht an Siegmund gelegen haben, denn der Herzog nahm es mit der ehelichen Treue nicht allzu genau. Im Laufe der Jahre zeugte er mindestens 40 uneheliche Kinder, Schätzungen gehen sogar von bis zu 60 Nachkommen aus. Davon waren sicher einige untergeschoben, denn es war hinlänglich bekannt, dass der Herzog diese „Kinder der Liebe" finanziell gut versorgte.

Die Beziehung Siegmunds zu Herzog Albrecht VI. zeigte sich zumeist freundschaftlich. Durch Kauf (1458 unter anderem die Markgrafschaft Burgau[33]) und Erbregelungen erwarb er von Albrecht in Konkurrenz zu Friedrich III. bis 1464 die Vorlande.[34] Mit dem Erwerb dieser Regionen ging eine allmähliche Intensivierung der Politik Siegmunds nach Westen einher; diese zielte auf eine Begrenzung der Macht der benachbarten Eidgenossen, der traditionellen Gegner Habsburgs, ein Rückgewinn der seit 1415 an die Eidgenossenschaft verlorenen ehemaligen habsburgischen Gebiete und nicht zuletzt den Ausbau einer Landbrücke vom Arlberg bis hin zum Elsass.

In direkten Konflikt mit der Eidgenossenschaft geriet Siegmund erstmals 1458, als eidgenössische Truppen im sogenannten „Plappartkrieg" die Stadt Rapperswil besetzten, einen wichtigen Eckpfeiler Habsburgs in diesem Raum. Siegmund ging aber nicht auf kriegerischem Weg vor, sondern intervenierte bei Papst Pius II. Pius II. war im Übrigen niemand anderes als Siegmunds alter Lehrer in Graz: Enea Silvio Piccolomini, der einst den jungen Siegmund erfolglos zu einer Klerikerlaufbahn gedrängt hatte. Der Papst drohte den

32 Sie wurde um 1433 im schottischen Dunfermline geboren.

33 Vgl. Jedelhauser, Philipp: Beiträge zum Beginn und zum Ende der Herrschaft der Markgrafen von Burgau aus dem Hause Berg, 2. überarbeitete Auflage, Krumbach 2017, S. 4–5.

34 Während Siegmund im Markgrafenkrieg die Wittelsbacherherzöge von der Pfalz und von Bayern-Landshut gegen den Kaiser Friedrich III. unterstützte, griff Herzog Albrecht seinen kaiserlichen Bruder sogar direkt militärisch an. Vgl. dazu Gismann, Robert: Die Beziehungen zwischen Tirol und Bayern im Ausgang des Mittelalters, Herzog Siegmund der Münzreiche und die Wittelsbacher in Landshut und München von 1439–1479, Innsbruck 1976.

Eidgenossen mit dem Kirchenbann, sollten sie die Stadt nicht wieder zurückgeben. Später änderte der Heilige Vater seine Meinung und forderte die Eidgenossen auf, im Namen des Herrn habsburgische Gebiete zu besetzen.

Neben den ständigen Auseinandersetzungen mit den Eidgenossen, hatte Siegmund das Pech, mit dem neuen Fürstbischof von Brixen an einen ernsthaften Gegner zu geraten. Der neue Bischof war niemand anderes als Kardinal Nikolaus von Kues, besser bekannt als Nicolaus Cusanus[35] (1401–1464). Cusanus ist heute noch als eine der führenden Geistesgrößen des Mittelalters bekannt. Neben seinen hochgeistigen Traktaten in Philosophie, Mathematik und Theologie, zeichnete sich der neue Bischof auch durch ausgezeichnete Beziehungen zum Stuhle Petri aus.

Als aufgeklärter Theologe versuchte Cusanus seine Theorien über eine Reform der Christenheit in der Praxis anzuwenden. Dabei geriet er in Konflikt mit Herzog Siegmund, dem es gar nicht passte, dass der Bischof seinen ausschweifenden Lebensstil anprangerte. Zudem wollte Cusanus die de-facto selbstständigen Klöster Tirols wieder in die Obhut der Diözese bringen. Im Streit um die Rechte am Kloster Sonnenburg im Pustertal artete der Konflikt in Gewalt aus. Bei der „Schlacht im Enneberg" besiegten Tiroler Bauern 1458 die Söldner des Bischofs und töteten 50 von ihnen.

Der Bischof ließ sich dadurch aber nicht entmutigen und stichelte weiterhin gegen Siegmund. Es kam dann sogar so weit, dass Cusanus sich im Schloss der Stadt Bruneck verschanzte und der Herzog die Stadt im Jahre 1460 belagerte. Rasch gelang es den Truppen Siegmunds, die Mauern zu überwinden und den starrsinnigen Bischof gefangen zu nehmen. Trotz des darauffolgenden Friedensvertrages begab sich Cusanus nach Rom, wo er vom befreundeten Papst Pius II. die Exkommunikation Siegmunds und des Landes Tirols erwirkte.

Dieser Bannspruch führte dazu, dass sich die Eidgenossen aufgefordert fühlten, Siegmund den Fehdehandschuh hinzuwerfen. Nach und nach sagten zahlreiche Städte der Eidgenossen dem Herzog ab und marschierten gegen Diessenhofen und Winterthur. Herzog Siegmund gelang es nicht, ein Heer aufzustellen, das dem Feind gewachsen war, und so fiel Diessenhofen, während Winterthur noch bis 1467 in habsburgischer Hand blieb. Somit war der ehemals österreichische Thurgau 1460 komplett an die Eidgenossen verloren.[36]

Derweilen sah es auch im Privatleben des Landesfürsten nicht besonders rosig aus. Trotz seines anfänglich immensen Reichtums häufte er einen riesigen Schuldenberg an. Um die Jahreswende 1478/79 verfügte Siegmund über einen Nettojahresertrag in der formidablen Höhe von 104.082 Gulden. Davon entfiel der Löwenanteil mit 79.440 Gulden auf die Einkünfte aus der Silberproduktion im Inntal. Der Rest stammte aus Zöllen und Ämtern, wobei allerdings ein Großteil dieser Einkünfte bereits verpfändet war. Siegmund betrieb eine äußerst verschwenderische Hofhaltung: Sein Vater hatte sich noch mit einem kleinen Hofstaat von knapp 100 Personen in der alten Residenz in Innsbruck begnügt. Siegmund ließ für seine Zwecke eine neue Hofburg errichten und bis 1490 erreichte sein Gefolge eine Zahl von 500 Menschen. Der Landesfürst war auch noch ausgesprochen jovial und vertrauensselig. Zahlreiche zwielichtige Gestalten nutzten dies schamlos aus und bereicherten sich auf Kosten des Herzogs.

Daneben betrieb Siegmund ein umfangreiches Bauprogramm und ließ unter anderem sieben Jagdschlösser errichten. Diese trugen hochtrabende Namen wie etwa „Sigmundslust", „Sigmundsruh", „Sigmundsburg", „Sigmundsegg" oder „Sigmundsfried". Mit „Sigmundskron" (oder „Siegmundskron") bei Bozen zählt auch eine äußerst massive Festungsanlage zu den Bauten des Herzogs. Um 1473 kaufte der Herzog die Burg und benannte sie in „Schloss Sigmundskron" um (1474: „*unser slosz Sigmundskron*"[37]). Auch außerhalb des eigentlichen Tiroler Landes gehörten viele Burgen dem Landesfürsten.[38]

Diese enormen Ausgaben konnte auch das reiche Tirol nicht verkraften und da Siegmund in finanziellen Dingen kein besonders glückliches Händchen besaß, verpfändete er nach und nach große Teile seiner Territorien, insbesondere in den österreichischen Vorlanden. Zudem kam es immer wieder zu militärischen Konflikten mit den Eidgenossen, die oft genug gar nicht von Siegmund vom Zaun gebrochen wurden, sondern von den fehdefreudigen Adligen der Vorlande.

Im Jahre 1468 warf die freie Reichsstadt Mülhausen im Elsass Herzog Siegmund von Tirol den Fehdehandschuh hin, nachdem sie schon seit längerer Zeit mit dem umliegenden oberelsässischen Adel im Streit gestanden hatte (der sogenannte „Sechsplappertkrieg" von 1465/66[39]). Nach einem kleineren militärischen Erfolg der Berner im Sundgau rückten die anderen Eidgenossen vor das habsburgische Waldshut und belagerten es im Sommer 1468 (die

35 Geboren 1401 in Kues an der Mosel, heute Bernkastel-Kues; verstorben am 11. August 1464 in Todi, Umbrien

36 Auch die Brüder Gradner, seit kurzer Zeit Bürger Zürichs, hatten das ihrige getan, die Eidgenossen zum Kampf gegen Herzog Siegmund aufzustacheln.

37 Zitiert nach Obermair, Hannes: Schriftlichkeit und urkundliche Überlieferung der Stadt Bozen bis 1500; in: Bozen Süd – Bolzano Nord. Band 2, Bozen 2008, S. 156.

38 Siegmund hatte ein Faible für prächtige Immobilien. 1462 erwarb er die durch eine Strafaktion gegen räuberische Adlige arg beschädigte Hohkönigsburg im Unterelsass. Vgl. Strobel, Adam Walther: Die Vaterländische Geschichte des Elsasses von der frühesten bis auf die gegenwärtige Zeit, Dritter Teil, Straßburg 1843, S. 380.

39 Seehase, Hagen und Ollesch, Detlef: Kurfürst Friedrich der Siegreiche von der Pfalz (1425–1476), Petersberg 2013, S. 76–79.

In den Heeren um 1480 spielte die gepanzerte Reiterei noch eine wichtige Rolle.
Zeichnung: Sascha Lunyakov

Belagerung begann am 29. Juli).[40] Die Berner, Freiburger und Solothurner schlossen sich ihnen an, konnten aber die von Bilgeri von Heudorf und Wernher von Schinen gehaltene Stadt nicht einnehmen. Schuld daran waren sie selbst. Trotz der tapferen Gegenwehr der Waldshuter Zünfte wäre die Stadt wohl gefallen, wenn nicht im Schweizer Belagerungsheer Uneinigkeit bezüglich des weiteren Vorgehens geherrscht hätte. Einige Schweizer Orte hätten in den Schwarzwälder Gemeinden nur zu gerne weitere Eidgenossen gesehen, sie waren zumindest um ein gutes Verhältnis bemüht. Und genau das musste auch Herzog Siegmund Sorge bereiten. Die einflussreichen Räte Siegmunds befürchteten einen Abfall der Waldstädte an die Eidgenossenschaft. Durch eigene Kraft konnte der Herzog die Stadt nicht entsetzen. Der Vorschlag, ausgerechnet den Pfälzer Kurfürsten Friedrich, einen der erfolgreichsten und kompromisslosesten Feldherren unter den Reichsfürsten mit dem Entsatz Waldshuts zu betrauen, fand keine Zustimmung.[41] Nun begann Herzog Siegmund mit den Eidgenossen Friedensverhandlungen. Es kam am 27. August 1468 ein Friedensschluss (die sogenannte „Waldshuter Richtung") zustande. Darin wurde vereinbart, dass Siegmund als Ablösesumme 10.000 rheinische Gulden an die Eidgenossen zu zahlen habe und bis dahin Waldshut und den Schwarzwald als Pfand an sie abgeben solle. Kaiser Friedrich III., der dominante Cousin von Herzog Siegmund, erklärte den Frieden am 26. Mai 1469 für ungültig und verhängte am 31. August die Reichsacht über die Eidgenossen, was aber ohne weitere Folgen blieb. Siegmund von Tirol konnte aufgrund seiner verschwenderischen Hofhaltung die geforderten 10.000 Gulden aber nicht aufbringen. Deshalb wandte er sich 1469 zuerst an König Louis XI von Frankreich, welcher ihn abblitzen ließ, ehe er den finanzkräftigen und ambitionierten Burgunderherzog Karl den Kühnen um Hilfe bat. Dieser ließ die geschuldete Summe von 10.000 Gulden an die Eidgenossen zahlen. Darüber hinaus schloss er mit Siegmund am 5. September 1469 den Vertrag von St. Omer. Herzog Karl zahlte dem Tiroler Herzog 50.000 Gulden und erhielt dafür als Pfand die Grafschaft Pfirt, die Landgrafschaft Oberelsass, den Schwarzwald, die vier Waldstätte am Rhein und Breisach.[42] Er verpflichtete sich außerdem, Siegmund gegen die Eidgenossen beizustehen.

40 Vgl. Hansjakob, Heinrich: Der Waldshuter Krieg vom Jahre 1468, Waldshut 1868, S. 30.

41 Wenn Kurfürst Friedrich überhaupt gewollt hätte, er hatte sehr gute Beziehungen zu den Eidgenossen.

42 Herzog Siegmund gab das Geld schnell wieder aus. Siegmund kaufte am 31. August 1474 die Grafschaft Sonnenberg für 34.000 Gulden von Graf Eberhard I. Eberhards Sohn, Andreas von Sonnenberg, hatte im Jahre 1472 einen Bludenzer Bürger und Untertan des Herzogs Siegmund von Tirol verletzt, es war zu einem Konflikt, gekommen, den der Herzog genutzt hat ,um die Burg Sonnenberg durch Feldkircher Söldner unter Burkhard von Knöringen nach dreitägiger Belagerung 1473 erobern und zerstören zu lassen. Das letzte Geld aus diesem Verkauf von 1474 erhielt erst viele Jahre später Eberhard Erbe, Georg III. von Waldburg-Zeil.

1469 suchte der Erzherzog den Burgunderherzog Karl im Prinsenhof zu Brügge auf, um das Projekt einer burgundisch-habsburgischen Eheverbindung zur Sprache zu bringen. Herzog Karl blieb aber vage mit seiner Antwort.

Herzog Siegmund verpfändet das Elsaß an Karl den Kühnen, aus der Chronik Diebold Schillings. Faksimile der Urschrift

Siegmund bereute alsbald, den Großteil der Vorlande verpfändet zu haben. Teile des dortigen Adels begannen sich mit der burgundischen Herrschaft zu arrangieren, dann fing allerdings der burgundische Vogt, er hieß Peter von Hagenbach, damit an, die örtlichen Notabeln vor den Kopf zu stoßen.[43] Ende August 1472 verhandelte Herzog Siegmund in Konstanz mit Vertretern der Eidgenossenschaft, empfing dann aber eine Delegation des Burgunderherzogs mit Hagenbach an der Spitze. 1474 drängte Herzog Siegmund Karl erneut, Krieg gegen die Eidgenossen zu führen, doch Karl lehnte ein weiteres Mal ab. Als Siegmund endlich klar wurde, dass er den Herzog von Burgund nicht für seine Pläne gegen die Eidgenossen einsetzen konnte, schwenkte er radikal um und versuchte, sich mit der Eidgenossenschaft zu einigen. Zunächst beschlossen diese die wichtige Allianz mit der „Niederen Vereinigung", einem Bündnis der Reichsstädte Basel, Kolmar, Schlettstadt und Straßburg, dann aber kam dank der Unterstützung von König Louis XI die „Ewige Richtung" am 30. März 1474 mit Herzog Siegmund zustande. Entscheidend mitgestaltet wurde das Abkommen von dem Konstanzer Bischof Hermann von Breitenlandenberg, der schon 1468 zwischen den Eidgenossen und dem Tirolerherzog vermittelt hatte. In der „Ewigen Richtung" verzichtete Siegmund

43 Vgl. dazu Brauer-Gramm, Hildburg: Der Landvogt Peter von Hagenbach - Die burgundische Herrschaft am Oberrhein 1469–1474, Göttingen 2001.

auf alle Gebietsansprüche in der Eidgenossenschaft und erkannte diese als unabhängig von der habsburgischen Herrschaft an. Die Eidgenossen verpflichteten sich im Gegenzug, nie wieder die habsburgischen Gebiete jenseits der Grenze anzutasten. Nun kündigte Siegmund Herzog Karl den Pfandschaftsvertrag auf. Die elsässischen Städte hatten 80.000 Gulden für die Ablösung desselben aufgebracht. Herzog Karl aber weigerte sich, diese Kündigung des Vertrages von St. Omer zu akzeptieren, hatte er doch noch weitere 170.000 Gulden (nach eigenem Bekunden) in die Pfandlande investiert.[44] Im April 1474 kam es zum Aufstand der Pfandlande gegen Hagenbach, Siegmund ergriff sofort die Chance, sich wieder in deren Besitz zu setzen.[45] In den nachfolgenden Burgunderkriegen, die zum Untergang des Herzogtums und zum Tod Herzog Karls führen sollten, waren die Eidgenossen der militärisch wichtigste Teil der antiburgundischen Allianz. Politisch treibende Kraft waren aber die französische Krone und die Reichsstädte, dazu noch Herzog Siegmund, dem der Tod Karls des Kühnen sehr gelegen kam. Etliche Vasallen und Dienstleute Siegmunds zeichneten sich in den Kämpfen gegen die Burgunder aus. Dazu zählte zum Beispiel Friedrich Kappler aus dem Elsass. 1476 entließ Siegmund viele von verschiedenen Leibherren (Adelige und Kleriker) in der Vergangenheit erworbene Erbuntertänige („Eigenleute"), namentlich die Augsburger, Babenberger und Hilpolder Leute, und er selbst verzichtete auf die Leibrente. Die nun aus dem Leibeigenenstatus Befreiten sollten in den Gerichten, wo sie wohnten, steuer- und wehrpflichtig sein.[46]

Siegmund wurde 1477 zum Erzherzog erhoben, was ihm politisch wenig einbrachte, aber ihn zu einer noch aufwendigeren Hofhaltung nötigte. Mit den Eidgenossen, denen die Siege über die Burgunder ungeheure Beute und Ansehen eingebracht hatten, hielt er Frieden – und sie mit ihm. Mit dem „Stanser Verkommnis" vom Dezember 1481 konsolidierte sich die Eidgenossenschaft nach innen. Der Konflikt zwischen den Land- und Stadtorten hatte sich unter anderem an der Frage der Aufnahme von Freiburg und Solothurn in die Eidgenossenschaft entzündet. Auch spielte die Verteilung der Beute aus den Burgunderkriegen eine wichtige Rolle. Der Konflikt wurde nach zähen Verhandlungen[47] beigelegt und die Einigung[48] (Verbot militärischer Aktionen gegen andere Eidgenossen, Verpflichtung zu militärischer Hilfeleistung im Angriffsfall etc.) stärkte die Eidgenossenschaft beträchtlich. Schweizer Söldner waren nun im Ausland gefragter denn je, nicht nur in Frankreich, auch bei den Habsburgern.

Erzherzog Siegmund agierte zunehmend seniler und geriet unter den Einfluss eigennütziger Ratgeber. Das lag zum Teil daran, dass 1480 seine Frau Eleonore verstarb, die im Leben Siegmunds eine mäßigende Rolle eingenommen hatte. Nun sah sich Erzherzog Siegmund aber nach einer neuen Ehefrau um, die ihm doch noch den ersehnten Erben gebären sollte. Seine Wahl fiel auf die 16-jährige Katharina von Sachsen[49], immerhin 41 Jahre jünger als ihr zukünftiger Ehemann. Doch auch nach der Hochzeit im Jahre 1484 stellten sich keine Kinder ein und somit auch kein Erbe für das Land Tirol.

Siegmund pflegte ein immer engeres Verhältnis mit dem Herzog von Bayern-München, Albrecht IV. Anno 1467 hatte er ein Hilfeersuchen von dessen streitlustigem Bruder, Herzog Christoph dem Starken, gegen Albrecht zurückgewiesen. Kaiser Friedrich III. hatte angesichts der Gefahr, die Wien und dem östlichen Teil Österreichs durch die Ungarn drohte, seine Tochter Kunigunde nach Innsbruck gebracht, wo sie sicher und standesgemäß logieren konnte. Dort weilte ab und an Herzog Albrecht IV. zu Besuch, 1485 lernte er Kunigunde kennen. Der charmante, aber 18 Jahre ältere Albrecht malte sich durch die Heirat mit Kunigunde einen Machtzuwachs aus. Friedrich III. seinerseits, der ständig unter Geldmangel litt, erhoffte sich von dem durchaus wohlhabenden Albrecht Hilfe. Er war mit einer Heirat einverstanden. Außerdem sollte Kunigunde noch 20.000 Gulden Mitgift erhalten, auf die Erzherzog Siegmund noch 40.000 Gulden drauflegen wollte.[50] Noch während der Hochzeitsverhandlungen besetzte Albrecht jedoch die Reichsstadt Regensburg. Daraufhin zog der Kaiser seine Einwilligung zur Hochzeit zurück. Albrecht legte Kunigunde mit Hilfe von Siegmund eine gefälschte Einwilligung des Kaisers vor, und so fand am 2. Januar 1487 in der Innsbrucker Schlosskapelle die Hochzeit statt.[51] Kurz

44 Teile der Region hatte nämlich Herzog Siegmund schon in den Jahren zuvor an andere Adlige bzw. Städte verpfändet. Der Burgunderherzog hatte nach und nach diese Pfandsummen übernehmen müssen, um die Kontrolle über diese Orte zu bekommen, zum Beispiel über Thann, das an Heinrich Reich von Reichenstein verpfändet war.

45 Vgl. Ollesch, Detlef und Seehase, Hagen: Die Burgunderkriege, Berlin 2017, S. 22.

46 In Tirol war die Leibeigenschaft ohnehin nicht sehr verbreitet, um 1520 hielten noch drei Adelsfamilien (Trapp, Thun und die Schrofensteiner) „Eigenleute". Dazu kamen aber noch die landesherrlichen Eigenleute von Imst, sie wurden erst in der zweiten Hälfte des 16. Jahrhunderts befreit.

47 Laut Überlieferung brachte nur die Intervention des Einsiedlers Niklaus von Flüe (1417 bis 1487) die Verhandlungspartner dazu, sich zu einigen.

48 Dazu gehörte auch die Abmachung, Kriegsbeute sei nach der Anzahl der an einem Feldzug teilnehmenden Krieger eines Ortes zwischen den Orten aufzuteilen, gewonnene Territorien seien zu gleichen Teilen unter den Orten aufzuteilen.

49 Katharina war das älteste Kind des Herzogs Albrecht des Beherzten von Sachsen und seiner Gattin Sidonie von Böhmen. Geboren wurde sie am 24. Juli 1468 in Grimma, Sachsen; verstorben ist sie am 10. Februar 1524 in Calenberg

50 Vgl. Prokop Freiherr von Freyberg, Maximilian: Pragmatische Geschichte der bayerischen Gesetzgebung und Staatsverwaltung seit den Zeiten Maximilian I., Leipzig 1839, S. 177.

51 Vgl. Wolf, Susanne: Die Doppelregierung Kaiser Friedrich III. und König Maximilian (1487–1493), Köln, Weimar und Wien 2005, S. 460.

Der Hauptmann dieser Söldnergruppe hat für Exerzierübungen den Großteil seines Plattenharnisches abgelegt.
Zu sehen ist das textile Rüstwams, das die unterste Trägerschicht der Rüstung bildet. Es ist im Bereich der Schultern, der Oberarme und der Achselhöhlen mit Panzerflecken besetzt, wodurch die zur Bewegung notwendigen Lücken im Harnisch geschlossen werden. Auch der Unterleib ist von einer umlaufenden Panzerschürze bedeckt.
Foto: Città del Grifo

nach dem Dreikönigstag verließ das Paar Innsbruck und hielt wenig später in München prachtvoll und mit großen Anhang Einzug. Der Kaiser war aufgebracht, als er davon Kenntnis erhielt. Noch mehr in Aufregung hätte ihn vermutlich versetzt, wenn er das ganze Ausmaß des bayerischen Einflusses in Tirol erkannt hätte. Herzog Albrecht IV. hatte die Hofkamarilla Siegmunds mit ihm ergebenen Leuten durchsetzt, und über das, was am Innsbrucker Hof passierte, wurde ihm getreulich Bericht erstattet.

Thomas Pipperle, Diener und Kämmerer Herzog Albrechts IV. von Bayern-München (und möglicherweise Förster von Tölz in Oberbayern), war ein wichtiger Vermittler bei der Annäherung Herzog Albrechts an Erzherzog Siegmund von Tirol gewesen. Er wurde oft als Bote zwischen den beiden Höfen eingesetzt und besaß das volle Vertrauen seines Herren. Um die Jahreswende 1486/87 stand er in den Diensten Erzherzog Siegmunds. Anna Spieß[52], in früherer Schreibweise auch „Spiessin", war die Witwe des Höflings Ritter Leopold Spieß von Friedberg. Eine Chronik beschreibt sie wenig schmeichelhaft als ein *„groz und hager weip, nit angenehm an koerper und geist"*. Sie war eine frühere Geliebte Erzherzog Siegmunds und stand in Korrespondenz mit Albrecht IV. Anfang 1487 wurde sie der Hexerei bezichtigt, sie soll vier Frauen Schadenszauber beigebracht haben. Einer Verurteilung entzog sie sich aber durch Flucht.

Neben der bayerischen Partei am Innsbrucker Hof gab es auch noch eine kleine sächsische, bestehend aus den Dienern, die mit Katharina von Sachsen nach Innsbruck gekommen waren. Die kamen zwar in Tirol nicht gegen die einflussreichen Räte an, aber sorgten dafür, dass der Kaiser über die Machenschaften der pro-bayerischen Partei informiert wurde. Die sogenannte „Vergiftungsaffäre" war eine Intrige wie aus einem Drama: Der Küchenmeister Siegmunds, Matthias Rainer, las zufällig einen Brief, den Anna Spieß an Herzog Albrecht IV. in München geschrieben hatte. Anna Spieß teilte darin mit, Siegmunds junge Gattin

52 In früherer Schreibweise taucht sie als „Anna Spiessin" auf.

Castel Beseno, Foto: Florian Messner

beabsichtige, Siegmund zu vergiften. Dann wolle sie mit der Hilfe ihres Vaters, Herzog Albrechts von Sachsen, die Macht in Tirol an sich reißen, Anna Spieß ertränken und die Grafen von Werdenberg und Matsch enthaupten lassen. Hinter dem Plan für den Giftanschlag stünden niemand andere als Herzog Albrecht von Sachsen und der Kaiser selbst. Der Küchenmeister Rainer informierte den Sachsenherzog und der wiederum Kaiser Friedrich III. Wichtiger als die Vergiftungsaffäre war aber der vermeintlich oder tatsächlich auf den unheilvollen Einfluss der erwähnten Räte zurückzuführende Entschluss Siegmunds, für einen Feldzug Geld – viel Geld – bei den bayerischen Herzögen aufzunehmen.

Der Guerra Retica und seine Ursachen

Der „Venezianer Krieg" von 1487 firmiert manchmal auch unter der Bezeichnung „Rovereto-Krieg" oder im Italienischen als *„guerra retica"*. Genauso wenig, wie sich eine allgemein akzeptierte Bezeichnung eingebürgert hat, sind sich die Historiker über die Ursachen des Krieges einig. Mal wird auf die Expansions- und Ausbeutungspolitik der Seerepublik Venedig in der Region verwiesen, mal wird der Venezianerkrieg als kurzsichtiges Abenteuer des von verantwortungslosen (und beutegierigen) Räten getriebenen, etwas senilen Erzherzogs betrachtet. Der Krieg lag nicht im Interesse der Tiroler, die viele Waren über Venedig bezogen und vom transalpinen Handel der Venezianer Kaufleute durch Zolleinnahmen beträchtlich profitieren konnten. Die Venezianer ihrerseits waren sehr an einer stabilen Situation an den durch Tirol führenden Handelswegen zu ihren Abnehmern nördlich der Alpen interessiert.

Um Trient hatte es in den vergangenen Jahrzehnten öfters Konflikte zwischen der Republik und der Grafschaft gegeben. Die Familie derer von Liechtenstein-Kastelkorn stellte im 14. Jahrhundert Ministerialen der Bischöfe von Trient und der Grafen von Tirol. 1390 wurde ein Angehöriger des Hauses, Georg I. von Liechtenstein, Bischof von Trient. Er wurde mit Unterstützung des Herzogs Albrecht III. vom Domkapitel zum Bischof von Trient gewählt. Da diese Wahl in die Zeit des „Großen Schismas" fiel, wurde er von der römischen Linie des Papsttums (Bonifaz IX.) bestätigt. Eine Ernennung zum Kardinal durch Johannes XXIII. (Pisaner Linie) lehnte er ab. Bischof Georg hatte häufig Konflikte mit Herzog Friedrich IV. von Tirol. Aber auch mit der Bürgerschaft Trients lag er im Streit. Besonders erzürnt waren die Trientiner über den für das Stadtgebiet zuständigen bischöflichen Vikar. Am 2. Februar 1407 marschierten aufgebrachte Volksmassen unter der Führung des Adeligen Negro de' Negri di Santo Pietro vor den Palazzo Pretorio in Trient und protestierten gegen die drückende Abgabenlast, zudem forderte man die Absetzung des verhassten Vikars. Die Unruhen trafen den im Castello del Buonconsiglio festgehaltenen Bischof überraschend. Im Laufe des Monats sah sich Bischof Georg gezwungen, weitgehende Zugeständnisse zu machen und Rechte abzutreten. Am 28. Februar 1407 unterzeichnete er schließlich die sogenannte „*Magna Charta Libertatum Tridenti*" Damit gestand er unter anderem die Wahl eines Stadtrates, die Kontrolle über die Amtsgeschäfte des städtischen Vikars und die Ernennung eines sogenannten Hauptmannes des Volkes zu. Mit der Aufgabe des Hauptmannes wurde Rodolfo Belenzani betraut, der während des Aufstandes selbst noch nicht in Erscheinung getreten war. Bischof Georg bereute die gemachten Zugeständnisse aber bald wieder und suchte Hilfe bei dem Condottiere Ottobono da Parma, der im Dienst des Herzogs von Mailand stand, um mit dessen militärischer Unterstützung den Aufstand zu unterdrücken. Das Hilfegesuch blieb nicht unbemerkt und Belenzani versuchte nun seinerseits sich des Bischofs zu entledigen, zumal ihn der Graf von Tirol Friedrich IV. in dem Anliegen unterstützte. Auf die Weigerung des Bischofs Castel Buonconsiglio an Belenzani zu übergeben, ließ ihn dieser am 4. April 1407 im Torre Vanga einsperren.

Als wenige Tage danach Besitztümer des Bischofs geplündert wurden, bat Rodolfo den Grafen von Tirol um Hilfe, um ein weiteres Ausufern der Unruhen einzudämmen. Kurz darauf besetzten am 16. April 1407 die von Heinrich VI. von Rottenburg angeführten Tiroler Truppen die Stadt. Belenzani belagerte währenddessen mit seinen Leuten die von einem bischofstreuen Anhänger gehaltene Burg von Pergine (deutsch: *Persen*). Friedrich IV. gewährte der Stadt zunächst weitere Rechte, den Bischof ignorierte er dabei völlig. Belenzani erhielt für seine Dienste Lehen zugesprochen sowie den Titel eines Hauptmannes und den eines Bürgermeisters. Mit Hilfe mehrerer aus Padua stammender Juristen, die zu seinem Freundeskreis gehörten, arbeitete Rodolfo ein Statut für die Stadt aus, das als Vorlage auch für andere Gemeindestatuten im Fürstbistum diente. Der an den Rand gedrängte Bischof verweigerte jegliche Zusammenarbeit im Angesicht der neuen Verhältnisse und wurde erst unter Hausarrest gestellt, bevor er im Juli 1407 mehr oder weniger Trient fluchtartig in Richtung Wien verließ, von wo er erst Ende des Jahres 1409 zurückkehrte. Die Harmonie zwischen Friedrich IV. und der antibischöflichen Bewegung endete relativ bald. Der Herzog besetzte wichtige Positionen durch seine Gefolgsleute, was schließlich zum offenen Widerstand Belenzanis und seiner Anhänger führte. Am 6. Oktober 1407 wurde Belenzani von den Leuten Friedrichs IV. verhaftet, das Amt des Hauptmannes aufgelöst und die gewährten Privilegien teilweise abgeschafft. Belenzani entging der Kerkerhaft, da ein Freund die Kaution von 25.000 Dukaten hinterlegte. Statt jedoch wie auferlegt im Januar 1408 vor dem Herzog zu erscheinen, floh er und suchte nach neuen Verbündeten, die er in der Republik Venedig ausgemacht zu haben schien. In der von Venedig gehaltenen Stadt Rovereto sammelte er eine Reihe von Bewaffneten um sich. Auch einige Burgherren wie Negro de' Negri in Stenico (deutsch *Steineck* oder *Steinig*) leisteten den neuen Anordnungen Widerstand. Venedig hielt sich jedoch mit einem formellen Bündnis zurück, man traute den Aufständischen nicht und wollte seine einträglichen wirtschaftlichen Beziehungen mit den Tirolern nicht aufs Spiel setzen. Auf sich allein gelassen, zog Belenzani mit seinen Anhängern am 28. Juni 1409 nach Trient. Die Gefolgsleute des Grafen zogen sich, nachdem einige von ihnen von den Aufständischen getötet worden waren, in das Castello di Buonconsiglio zurück, das Rodolfo Belenzani daraufhin belagern ließ. Die Antwort Friedrichs IV. ließ nicht lange auf sich warten, und am 5. Juli eroberten seine Truppen die Stadt zurück. Dabei wurde bei den blutigen Zusammenstößen der Tiroler mit den Aufständischen Rodolfo Belenzani tödlich verletzt, der noch am gleichen Tag verstarb.[53]

Verstrickt in den Konflikt war auch das Tiroler Geschlecht der Kastelwarg.[54] Als im Mai 1410 ein erneuter Aufstand gegen den Bischof ausgebrochen war, überfiel Heinrich VI. von Rottenburg Trient und ließ die Stadt gräulich verwüsten. Nun eilte Herzog Friedrich herbei, der Rottenburger entwich nach Bayern, Bischof Georg nach Wien. Als der Herzog mit der Reichsacht belegt wurde, erlangte der Bischof pro forma mit Hilfe Kaiser Sigismunds die Herrschaft über sein Hochstift wieder zurück. Doch konnten diese Rechte nicht durchgesetzt werden und Georg III. kehrte erst kurz vor seinem Tod 1419 wieder nach Trient zurück.

53 In älteren Darstellungen ist von einer Hinrichtung die Rede.

54 Der italienische Name Castelbarco hat sich eingebürgert, den wir im Folgenden verwenden wollen.

Schon 1303 war die Burg Beseno, die mächtigste Anlage in Tirol, an die Herren Castelbarco (italienisch für *Kastelwarg*) gefallen. Mit den benachbarten Adelshäusern, den Herren von Arco und den Herren von Lodron, führten die Castelbarco ständig Fehden, wobei sie sich in wechselnden Bündnissen mal auf das Hochstift Trient, mal auf die Grafschaft Tirol und bisweilen auch auf Venedig stützten. 1416 zerstörten die Venezianer mehrere den Castelbarco gehörenden Burgen. Als sich eine Niederlage der Castelbarco abzeichnete, wandten sie sich an den Tiroler Herzog. Noch im gleichen Jahr erhielt Herzog Friedrich IV. durch einen Vergleich mit Aldrigeso da Castelbarco Stadt und Burg Rovereto zugesprochen.[55] Allerdings schufen die Venezianer Fakten: nach einwöchiger Belagerung eroberten sie die Burg von Rovereto. Und sie waren erschienen, um zu bleiben. Die Burg Pietra di Calliano war ein (Lehns-)Besitz der Castelbarco.[56] Marcobrun da Castelbarco, der letzte aus dieser Linie der Familie, hatte keine Erben. Seine Burgen von Beseno und Pietra gingen noch zu seinen Lebzeiten als Lehen des Hochstifts Trient an die Tiroler Räte Vigilius und Bernhard Gradner über.[57] Der Bischof von Trient und auch Herzog Siegmund von Tirol fürchteten (nicht ganz zu Unrecht), diese Schlüsselstellungen im Etschtal könnten an die Venezianer fallen.[58]

Ein wichtiger regionaler Machtfaktor war die ursprünglich aus dem italienischen Kulturkreis stammende Familie Lodron. Die Brüder Giorgio und Pietro verhalfen ihrer Familie durch geschickte Allianzen, effiziente Verwaltung ihrer Besitzungen und militärische Erfolge als Heerführer in fremden Diensten zu einem großen Aufschwung. Die beiden Brüder wurden im Jahre 1452 von Kaiser Friedrich III. in den Reichsgrafenstand, Castelromano und Lodron zu Reichsgrafschaften erhoben. 1456 beauftragte der Fürstbischof von Trient, Georg II. Hack von Themeswald,[59] die Brüder Giorgio und Pietro Lodron, den Grafen von Castelbarco, welche den Fürstbischof nicht als Lehnsherrn anerkennen wollten, die Burgen Castelnuovo, Castellano, Nomi und Castelcorno zu entreißen. 1460 gelangte das Castello di Tenno am Nordufer des Gardasees wieder unter die Obhut des Bischofs von Trient. Bischof Georg II. verstarb im Jahre 1465. Im August 1465 wurde Johannes Hinderbach, ein Vertrauter Kaiser Friedrichs III., zum Fürstbischof von Trient gewählt, und am 12. Mai 1466 wurde seine Ernennung von Papst Paul II. bestätigt.

55 Vgl. Brandis, Clemens Wenzeslaus, Graf zu: Tirol unter Friedrich von Österreich, Wien 1821, S. 15–16.

56 Vgl. Bidermann, Hermann Ignaz: Die Italiäner im Tirolischen Provinzial-Verbande, Innsbruck 1874, S. 96.

57 Marcobrun von Castlebarco behielt Wohnrecht und konnte weiterhin Einkünfte aus den zugehörigen Ländereien beziehen.

58 Vgl. Jäger, Albert: Die Fehde der Brüder Vigilius und Bernhard Gradner gegen Herzog Sigmund von Tirol, in: Denkschriften der kaiserlichen Akademie der Wissenschaften, Wien 1859, S. 233–301, hier: 241.

59 Die Familie Hack stammte ursprünglich aus Schlesien.

Einer der wichtigsten Adeligen der Region war Francesco d´Arco.[60] Es war ihm stets wichtig, als Vasall des Heiligen Römischen Reiches zu gelten. Als sein Bruder Galeazzo gegen ihn intrigierte, ließ er ihn einkerkern. Graf Francesco starb im Jahre 1482. Francesco d´Arco hinterließ drei Söhne, Andrea, Camillo und Odorico.[61] Camillo, verführt durch die Verlockung des Onkels Galeazzo d´Arco, hatte wohl Anteil an einer Verschwörung, er floh aber und kehrte erst nach dem Tod seines Vaters zurück. Dann verliert sich seine Spur, ob er, wie manchmal behauptet wird, sich als Räuber durchschlug oder ob er sich an die Venezianer um Hilfe wandte, ist ungewiss.[62] Odorico d´Arco heiratete die venezianische Adelige Susanna Collalto. Das war nicht nur ein gesellschaftliches Ereignis ersten Ranges, sondern sollte auch noch politische Folgen haben.

1486 wurde Fürstbischof Johannes Hinderbach aus Anlass des Zwistes zwischen Herzog Siegmund von Tirol und den Venezianern an die Signoria entsendet und starb bald nach seiner Rückkehr (21. September).[63]

Im Winter 1486/1487 spitzte sich die Lage zu, denn der Tod des Fürstbischofs von Trient Johannes Hinderbach hinterließ ein Machtvakuum, das der lokale Adel auszunutzen versuchte, um Gebietsansprüche geltend zu machen. Am 30. September 1486 wählte zwar das Trienter Domkapitel Ulrich von Frundsberg[64] zum Bischof, aber da die päpstliche Bestätigung noch fehlte, war seine Position noch nicht gefestigt.

An den Grenzen der Grafschaft Tirol und der Republik Venedig lag die Grafschaft Görz. 1460 stürzte sich der junge Graf Johann Heinrich – ohne Zustimmung der Görzer Landstände – in den Cillier Erbfolgekrieg.[65] Einige Görzer Ständeherrn, die auch österreichische Lehen besaßen, weigerten sich, gegen den Kaiser zu kämpfen. Der junge Graf, der seine Kräfte völlig überschätzt hatte, erlitt eine demütigende Niederlage. Er hatte wohl gehofft, seine Kärntner Herrschaften vergrößern zu können, nun verlor er alles,

60 Die Familie stammt der eigenen Familienüberlieferung zufolge aus Bayern. Francesco wurde 1413 geboren als Sohn von Antonio, Conte (Graf) d'Arco und Angelica Nogarola, er heiratete Francesca Pellegrini und wurde 1433 zum Universalerben erklärt. Francesco wollte die Macht mit seinem Bruder Galeazzo teilen, der ihn aber zu stürzen versuchte. Deshalb kerkerte Francesco seinen Bruder bis zum Lebensende ein (immerhin 26 Jahre lang). Er war dann Hauptmann in Siena, verstarb 1482 und hatte folgende Kinder: sein Erbe Andrea (1434 -1507), Odorico d' Arco, Camillo d´Arco, Filippa, Bartolomea, Angela und Pacifica.

61 Es gibt auch die Schreibweise "Udalrico" beziehungsweise „Ulrich".

62 Vgl. Rerini, Agostino: I castelli del Tirolo Band 2, Mailand 1839, S. 76.

63 Vgl. Krones, Franz von: Johannes Hinderbach, in: Allgemeine Deutsche Biographie, herausgegeben von der Historischen Kommission bei der Bayerischen Akademie der Wissenschaften, Band 12 (1880), S. 457–458, hier: S. 458.

64 Er war ein älterer Bruder des berühmten Landsknechtsführers Georg von Frundsberg.

65 Der wurde ausgelöst durch die Ermordung des letzten Grafen von Cilli, Ulrich II., am 8.November 1456 in Belgrad.

was sein Geschlecht seit 400 Jahren in Kärnten erworben hatte, sogar das Hauskloster Millstatt. Er konnte froh sein, wenigstens die Herrschaft Lienz zu behalten.[66]

Schwergerüsteter Krieger mit offenem Helm im Heer der Tiroler.
Foto: Condottieri Maurizani

Die gesamte Regierungszeit seines Nachfolgers Graf Leonhard war geprägt von den Bemühungen, die im Jahre 1460 verlorenen Kärntner Besitzungen zurückzugewinnen. Er schloss sich in wechselnden Koalitionen den Gegnern des Kaisers an: Albrecht VI., Siegmund von Tirol[67] und sogar König Matthias Corvinus von Ungarn. Zur Absicherung seiner italienischen Besitzungen suchte er Rückhalt bei der antivenezianischen Liga Oberitaliens (tonangebend waren Mantua und Mailand) und heiratete 1478 Paola Gonzaga, die Tochter Ludovicos III von Mantua.[68] Seine Schwiegermutter, Barbara von Hohenzollern, setzte ihre vielfältigen Kontakte für eine Stärkung der Görzer Interessen ein. Auf mehreren Reichstagen suchte Leonhard Rückhalt gegen die seit 1469 seine Besitzungen bedrohenden Türken und den Kaiser. Große Hoffnungen setzte Leonhard in eine engere Verbindung mit König Matthias Corvinus von Ungarn, von dem er sich sowohl Hilfe gegen seinen Hauptfeind, Kaiser Friedrich III., als auch gegen Venedig erwarten durfte, zumal ungarische Truppen im Krieg gegen den Kaiser nicht nur Wien eroberten, sondern sogar bis Oberkärnten vordrangen und auch gegen die Venezianer an der dalmatinischen Küste Krieg führten. Letztere führten sich in der Görzer Grafschaft seit langem wie auf eigenem Boden auf, sie errichteten auf Görzer Boden, an der Isonzobrücke bei Farra, Festungsanlagen gegen die Türken, aus denen später Gradisca entstand. Um Görzer Proteste kümmerten sie sich dabei nicht im Geringsten und versuchten sogar, Graf Leonhard für einen Verkauf seiner Grafschaft zu gewinnen. Der wichtige Hafen von Latisana, ein Umschlagplatz des innerösterreichischen Handels nach Venedig, war ihnen schon früher verpfändet worden. Die fortwährenden Provokationen und Übergriffe der Venezianer trieben den Grafen allmählich wieder in die Arme der Habsburger zurück. 1487 kamen Vermutungen auf, dass der Graf von Görz schwer krank[69] und der Erbfall der Grafschaft in absehbarer Zeit zu erwarten sei; so bahnte die Signoria von Venedig mit dem damaligen Hauptmann von Görz, Virgil von Graben, geheime Verhandlungen an. Er solle nach dem zu erwartenden Tod des Grafen, Schloss, Stadt und Grafschaft der Republik Venedig übergeben; er würde dafür alle Görzer Schlösser und Herrschaften im Friaul von Venedig zu Lehen erhalten, außerdem 20.000 Dukaten als Belohnung empfangen. Virgil von Graben zeigte sich dem Handel nicht ganz abgeneigt. Allerdings war die Gesundheit des Grafen nicht so angegriffen wie vermutet.

66 Wiesflecker, Hermann: Die Grafschaft Görz und die Herrschaft Lienz, ihre Entwicklung und ihr Erbfall an Österreich (1500), in: Veröffentlichungen des Tiroler Landesmuseums Ferdinandeum, 78/1998, Innsbruck 1998, S. 131–149, hier: S. 137.

67 Man schloss 1463 einen Erbvertrag mit Siegmund von Tirol.

68 Vgl. Forcher, Michael: Kleine Geschichte Tirols, Innsbruck und Wien 2012, S. 54.

69 Am 29. März schrieb Erzherzog Siegmund an Herzog Albrecht IV. von Bayern-München, dass Graf Leonhard sehr krank sei. Vgl. Lichnowsky, Eduard Fürst von : Geschichte des Hauses Habsburg. 8. Band (Kaiser Friedrich III. und sein Sohn Maximilian, 1477–1493), Wien 1844, S. 624.

Thurgauer Spießknechte ▶
dargestellt durch die
Re-enactment-Gruppe Arma Georgii
Foto Fred Wutz

Der Aufbruch

Im März 1487 provozierte der Erzherzog die Republik Venedig mit der Beschlagnahme einiger (von Venezianern betriebenen) Minen im Primiero (deutsch *Primör*) und in der Valsugana (deutsch *Suganertal*) sowie mit der Verhaftung von 130 venezianischen Kaufleuten und der Konfiszierung ihrer Waren auf der Bozner Messe am 23. April. Den venezianischen Kaufleuten war vertraglich freies Geleit auf der Bozner Messe zugesichert, sodass ihre Verhaftung einen eklatanten Vertragsbruch bedeutete.[70]

Siegmund sandte einen Brief an den Kaiser, in dem er sich über Venedig beschwerte. Außerdem ließ er dem Dogen einen Brief übergeben, indem alle vorgeblichen und tatsächlichen Missetaten Venedigs aufgelistet wurden. Unterzeichnet war der Brief von 27 Adeligen, darunter befanden sich auch die Brüder Ulrico und Andrea d´Arco. Erzherzog Siegmund wandte sich an die Eidgenossen um Beistand, was ihm aber auf dem Tag von Luzern am 9. Mai 1487 rundweg verweigert wurde. Einzelne Orte zeigten sich aber kooperativ, so ließen Zürich und Zug Werbungen zu.

Zur Finanzierung des Feldzuges verließ sich Siegmund wohlweißlich nicht auf die Tiroler Stände, er bekam von den bayrischen Herzögen 20.000 Gulden,[71] von den Bankhäusern Paumgartner[72] und Fugger 13.000. Die stolze Summe von 12.000 Gulden brachte Johann von Waldburg-Sonnenberg auf. Allerdings, und das war der Punkt, der später große Bedeutung erlangen sollte, war zur Finanzierung eine Pfandsumme von 50.000 Gulden, auszuzahlen durch die Bayernherzöge, vorgesehen. Und die sollten ganz Vorderösterreich dafür als Pfand erhalten. So wurde es in einem Geheimvertrag vom Juli 1487 festgehalten.[73]

Mit dem Geld (oder einem Teil des Geldes) war es möglich, die besten Söldner anzuwerben, die es in Europa gab: Schweizer. Ulrich VII. von Hohensax[74] trat in habsburgische Dienste. Er führte für den Tiroler Erzherzog Siegmund ein Kontingent Söldner aus der Eidgenossenschaft zu.[75] Weitere Söldner, vor allem aus dem Thurgau, brachte Conrad Gächuff.[76] Söldner aus Zürich kamen unter der Führung ihres Hauptmanns Lienhard Stämmli.[77] Soldknechte und eigene Aufgebote aus dem Raum Graubünden und dem Vinschgau konnte der Oberhofmeister Siegmunds, Graf Gaudenz von Matsch beisteuern, der Mitte April zum obersten Feldhauptmann des Erzherzogs ernannt wurde. Zu diesem Herrn und seiner illustren Familie gibt es einiges zu sagen.

Wappen der Vögte von Matsch

70 Die Venezianer reagierten, indem sie den Hauptumschlagplatz ihrer Handelswaren nach Mittenwald verlegten, das damals zum Hochstift Freising gehörte. Außerdem trieben sie Schafherden von Tiroler Untertanen fort. Vgl. Knapton, Michael: Venice and the Veneto during the Renaissance: the legacy of Benjamin Kohl, Florenz 2014, S. 227.

71 Am 16. Mai 1487 schrieb Erzherzog Siegmund an Herzog Albrecht IV. von Bayern-München, dass er die von ihm erhaltenen 4000 Gulden in bar innerhalb eines Jahres zurückzahlen werde.

72 Die Augsburger Linie dieses aus Nürnberg stammenden Patriziergeschlechts war im Tiroler Bergbau tätig

73 Erste Verschreibungen Siegmunds an Albrecht IV. datieren aus dem Jahr 1479.

74 Ulrich VII. von Hohensax. 1463 bis 1538, Feldherr und Diplomat. Er war Sohn des Albrecht I. von Hohensax, der noch im Jahr der Geburt Ulrichs starb, und der bürgerlichen Ursula Mötteli. Er war Bürger Zürichs.

75 Das Gros dieser Truppe bestand aus Freiknechten aus dem Thurgau. Vgl. Hürlimann, Louis: Ulrich VII. von Hohensax (1463 - 1538),Gerichtsherr und Militärunternehmer; in: Thurgauer Beiträge zur Geschichte, Band 135, 1995, S. 169–175, hier: S. 170.

76 Es existieren auch die Schreibweisen „Gäschuf“, „Gegauf“, „Gebuf“. Erstmals wurde er 1473 in Konstanz erwähnt, auch von Sigmundsee genannt, er war Bürger von Kesswil. 1474 nahm er am Zug nach Héricourt teil, 1476 wurde er vor der Schlacht bei Murten zum Ritter geschlagen, 1477 war er an den Kämpfen in der Franche-Comté beteiligt. Ab 1480 stand er im Dienst Erzherzog Siegmunds von Tirol, führte er 1487 die Thurgauer Söldner im Venezianerkrieg.

77 Es gibt auch die Schreibweise „Stamelin“.

Schweizer Söldner in den oberitalienischen Kriegen 1487

Das Jahr 1487 war besonders ergiebig an Zügen über die Alpen. In diesem Jahre wurden schweizerischer Seite vier Kriege in Italien geführt, bei welchen es nicht an zahlreichen Freiwilligen fehlte.
Erstens unterstützten die Berner und Freiburger den Herzog von Savoyen in seiner Fehde mit dem Markgrafen von Saluzzo mit einem Corps von 1500 Mann. Außer diesen Truppen erhielt er noch einen Zuzug von 1200 Oberländern unter dem Grafen von Greyerz, und eine Freischaar unter dem Freihauptmann Konrad Losner von Solothurn. Die letztere bestand aus 300 schweizerischen Kriegern, welche aus dem Dienste des deutschen Königs Maximilian aus den Niederlanden herbeigeeilt waren. Sie zeichnete sich bei mehrern Gelegenheiten aus, besonders brachte sie einem piemontesischen Corps von 4000 Mann, welches den Entsatz der belagerten Stadt Saluzzo bewerkstelligen wollte, einen empfindlichen Verlust bei. Allein trotz ihrer Tapferkeit ward ihnen dennoch die Heimkehr ins Vaterland untersagt; sie waren gezwungen, ihr Leben in der Verbannung zu fristen, weil sie die Verbote ihrer Obrigkeit nicht achten wollten. Im Jahr 1482 zogen dem Herzog von Ferrara, Herkules von Este, in einer Fehde mit den Venetianern eine Anzahl Kriegsknechte aus dem Kanton Bern und andern Orten, so wie 300 Appenzeller und Rheinthaler, zu; der größte Theil derselben erlag den beim Heer ausgebrochenen Seuchen. Als dann einige Jahre später (1487) der Herzog Sigmund von Oestreich mit den Venetianern wegen Grenzstreitigkeiten in einen Krieg verwickelt wurde, ließ er mit bairischem Gelde eine bedeutende Anzahl Krieger von Zürich und Bern, von Thurgau und Graubünden, nebst vielen Landsknechten aus Schwaben und der niedrigen Vereinigung anwerben. Diese Söldner, unter. Anführung Ulrichs von Hohensax, zeichneten sich durch ihr tapferes Benehmen aus und leisteten dem Herzog gute Dienste; allein dennoch wurden sie vernachlässigt, und verließen, wegen Mangel an Sold, das herzogliche Heer noch vor Beendigung des Krieges. Eine andere Fehde entstand zwischen den Regenten von Mailand und den freien Leuten in Hochrhätien wegen Beschränkung gewisser Zollfreiheiten und andern Anständen, in welcher die letztern ohne fremde Hülfe den Sieg davon trugen. Anders war es jedoch in dem Kriegszug, welchen der Walliser Bischof Jost von Silenen gegen Mailand unternahm. Als vierjähriges Rechtsgesuch für alte Forderungen nichts fruchtete, vermochte der Bischof, daß sich die Landleute von Wallis zu seinen Gunsten bewaffneten. Mit ihnen zog aus viel kriegslustige Jugend aus den Waldstätten, unter Anführung zweier Boten von Schwyz und Unterwalden, welche die Tagsatzung zu Zürich an den Bischof abgesandt hatte, um ihn von der Bewaffnung gegen Mailand — die nicht im Sinne der Eidgenossen war — abzuhalten; nebst einem Fähnlein von Luzern. Allein durch unvorsichtiges Betragen der Hauptleute erlitten die Walliser und ihre Verbündeten einen Verlust von 800 Mann. Die Eidgenossen und Frankreich vermittelten; den Wallisern geschah Ersatz; hingegen siel ihr Haß auf den Bischof, der ihn endlich aus dem Lande trieb. Die Hauptleute, durch deren Sorglosigkeit die Niederlage geschah und die man zum Theil auch der Feigheit bezüchtigte, wurden bei Hause zur empfindlichen Strafe gezogen; der Hauptmann der Luzerner, Hans Murer, auch wegen Ungehorsams und unerlaubter Fehde ins Gefängniß geworfen und an Ehr‘ und Gut gestraft.

Aus : Rudolph, J. Martin: Die Hülfs- und Freischaarenzüge der Schweizer seit der Gründung der Eidgenossenschaft bis zum Einfall in den Kanton Luzern im Mai 1845, Zürich 1846, S.45.

Die Churburg, Foto: Florian Messner

Im 15. Jahrhundert waren die Matscher eines der bedeutendsten Adelsgeschlechter im Raum Tirol-Graubünden. Im Matscher Tal liegen die spärlichen Ruinen der Burgen Obermatsch und Untermatsch, die eine Zeitlang die Hauptsitze zweier verschiedener Linien des Geschlechts im Vinschgau waren. 1297 gelangten sie in den Besitz der Churburg (ebenfalls im Vinschgau), welche sie zu ihrem Hauptsitz ausbauen ließen. Die „Vögte von Matsch" waren Dienstleute und Vasallen der Tiroler Grafen einerseits und des Bischofs von Chur andererseits. Selbst als sie den Grafentitel erlangt hatten, blieb die Bezeichnung „Vogt" bzw. „Vögte" kennzeichnend. Großen Besitz hatten sie im Vinschgau und in der Region Graubünden. Sie erlangten durch Heirat auch zeitweise die Grafschaft Kirchberg in Schwaben.

Das Geburtsjahr des Grafen Gaudenz ist nicht belegt, man vermutet aber1436 als sein wahrscheinliches Geburtsjahr. Seine Eltern waren Ulrich IX., Graf von Matsch[78], und seine Gemahlin Agnes.[79] In Beschreibungen findet man Gaudenz durchaus als jovialen, ritterlichen und tapferen Ritter. Durch seine Erziehung am Hof Siegmunds von Tirol war er auch schon in jungen Jahren viel gereist, lernte den Umgang in großer Gesellschaft und nahm an ritterlichen Kampfspielen teil. Seine politische Tätigkeit begann er in der Verwaltung des Familienbesitzes im Prättigau auf der Burg Castels. Finanzielle Engpässe und das Kalkül, sich Herzog Siegmund gewogen zu machen, veranlassten Gaudenz, Teile seines Besitzes an diesen abzutreten und nur noch die Pflegschaft über diese auszuüben. Bereits am 5. März 1464 hatte aber Ulrich von Matsch Burg Tarasp im Unterengadin für 2000 Gulden an Siegmund den Münzreichen veräußert.[80] Gaudenz ging 1470 auf eine Pilgerfahrt nach Jerusalem. Erzherzog Siegmund machte ihn am 30. Juni 1478 zum Hauptmann an der Etsch und Burggrafen auf Schloss Tirol.[81] Sein Vater Ulrich übte von 1475 bis zu seinem Tode 1481 kein Amt mehr aus. Bis 1482 bewegte sich Gaudenz von Matsch im Dienste Siegmunds an dessen Hof und auf Botschaftsrei-

78 Er wurde im Jahre 1419 geboren und war ein Riese an gestalt. Sein beeidruckender Harnisch steht in der Rüstkammer der Churburg. Ulrich von Matsch war seit 1471 Landeshauptmann in Tirol, das heißt Stellvertreter des Landesfürsten.

79 Sie stammte aus dem Grafenhause Werdenberg-Sargans.

80 Vgl. Ladurner, P. Justinian : Die Vögte von Matsch, später auch Grafen von Kirchberg, in: Zeitschrift des Ferdinandeums für Tirol und Vorarlberg, Ser. 3, Bd. 18 (1873), S. 9.

81 Dafür bezog er ein jährliches Gehalt von 900 Gulden. Vgl. Ladurner, P. Justinian u.a (Hg.): Archiv für Geschichte und Alterthumskunde Tirols, Band 2, Innsbruck 1850, S. 34.

sen. Am 22. Juni 1482 musste Graf Gaudenz von der Hauptmannschaft an der Etsch wegen Kompetenzüberschreitungen zurücktreten. Er hatte zwei Männer einkerkern und peinlich befragen (= foltern) lassen, die er einer Verschwörung gegen den Erzherzog verdächtigte, woran aber nichts war.[82] Er begab sich in den Dienst des Herzogs von Mailand. Kontakt zu diesem bestand bereits seit 1479, als er sich mit Hippolyta, der Tochter des Mailänder Kanzlers Cicco Simonetta, vermählt hatte.[83] Aber bereits ab 1485 war er wieder am Hof Siegmunds aktiv, wurde 1486 zum erzherzoglichen Oberhofmeister ernannt und bekam am 5. März 1487 die Vogtei Feldkirch überschrieben. Graf Gaudenz war versippt mit Graf Jörg von Werdenberg-Sargans.[84] Beide Familien hatten großen Besitz in der Region Graubünden, hatten enge Beziehungen in die Eidgenossenschaft und waren in viele regionale Händel verstrickt. Entscheidend war jedoch, dass Gaudenz von Matsch und Jörg von Werdenberg-Sargans mit Graf Oswald von Thierstein zu dem Trio einflussreicher Höflinge gehörten, um die sich eine Schar einflussreicher Räte am Innsbrucker Hof gruppierte, die sogenannten „bösen Räte".[85] Oswald von Thierstein hatte in den Burgunderkriegen hohe Kommandopositionen innegehabt. Allerdings war seine Rolle nicht unumstritten.[86] Es gab aber andere Veteranen der Burgunderkriege, die als fähig galten.

So bereitwillig der Adel des Vorlandes zu den Waffen gegriffen hatte, wenn es gegen die Eidgenossen gegangen war, so bereitwillig strömte er auch jetzt zu den Waffen. Aus den Vorlanden bekam der Herzog starken Zuzug.

Wappen der Grafen von Thierstein
(aus dem Scheiblerschen Wappenbuch)

So eilte Smaßmann II. von Rappoltstein[87] Ende Mai mit 62 Pferden und Reisigen über Reutte nach Tirol, Philipp und Simon von Pfirt, Hans Walch von Ranspach, Christoph und Heinrich von Hattstatt, Ludwig und Jacob von Maasmünster und viele andere zogen denselben Weg. Unter den ersten aber befand sich Friedrich Kappler, dessen *„geraissig zeug"*, darunter auch Wagenrosse, die *„pulffer fuerten"*[88], schon im April in Tirol stand.[89] Er hatte wahrscheinlich die Aufgabe, bei Innsbruck die Zuzüge zu sammeln, erst Ende Mai kam das Fußvolk, rund 1000 Knechte aus der Grafschaft Hauenstein, dem Sundgau und Breis-

82 Sein Nachfolger wurde Jörg Häl von Maienburg. Vgl. Brandis, Jacob-Andrä, Freiherr von: Die Geschichte der Landeshauptleute von Tirol, Innsbruck 1850, S. 272.

83 Aus dieser Ehe gingen keine Söhne, nur die Tochter Catharina hervor. Graf Gaudenz hatte noch drei uneheliche Töchter und einen unehelichen Sohn.

84 Jörg von Werdenberg-Sargans war seit 1485 Pfleger von Landeck.

85 Gaudenz von Matsch gehörte zu den Befürwortern eines Bündnisses mit den Wittesbacherherzögen.

86 Für seine Verdienste belehnte Kaiser Friedrich III. Graf Oswald von Thierstein 1479 mit der Hohkönigsburg im Elsass: am 14. Mai 1479 erging kaiserlicher Befehl an die Stadt Straßburg, den Thiersteinern zum Besitz der (zerstörten) Hohkönigsburg zu verhelfen. Damit wollte der Kaiser dem Machtzuwachs der Kurpfalz im Elsass einen Riegel vorschieben. Oswald und sein Bruder Wilhelm mussten sich für ihre ambitionierten Baumaßnahmen auf der Hohkönigsburg schwer – insgesamt 11.000 Gulden – bei den Städten Straßburg und Solothurn verschulden. Graf Oswald stritt sich heftig in den Jahren 1481 und 1482 mit der Stadt Basel herum. Streitpunkt war hauptsächlich die Klosterordnung des Nonnenklosters Klingenthal. So erwarb sich der Graf von Thierstein den spöttischen Beinamen „Nonnentröster".

87 Der 1437 geborene Smaßmann war Kämmerer bei Karl dem Kühnen gewesen. Er reiste 1483 in Begleitung von Caspar Zorn von Bulach und dem Kurmainzer Kämmerer Dekan Bernhard von Breitenbach nach Jerusalem und zum Katharinekloster auf dem Sinai. In Jerusalem wurde er zum Ritter des Heiligen Grabes geschlagen. 1484 kehrte er zurück, 1499 ließ er zum Angedenken ein kleine Kapelle bauen. Er verstarb im Jahre 1517.

88 Sie zogen offensichtlich mit Pulverfässern beladene Wagen.

89 Kappler, der sich in den Burgunderkriegen mehrfach bewährt hatte, erscheint 1478 als „Feldhauptmann des Geraisigen Zeugs der vordern Lannd". Vgl. Hormayr, Joseph von: Taschenbuch für vaterländische Geschichte, Band 8, Leipzig 1837, S. 343.

Das Einrüsten war eine langwierige Angelegenheit und allein kaum durchführbar, das galt besonders für den Bereich der Schultern und Arme. Foto: Città del Grifo

gau. an.[90] Um diese Zeit überschritt Kappler den Brenner und stand am 2. Juni bereits in Klausen als *„Feldhauptmann eines kleineren Corps"*. In seinem persönlichen Gefolge befanden sich ein Schreiber, Hans von Esslingen, und ein Arzt, Ch. Thierberg, sowie ein Trompeter. Als von ihm angeworben erschienen *„Nikolo und Hanns die Stariotten"*, Konrad von Kempten und Walther von Andlau.[91] Auch Wilhelm Kappler war dabei, sowie ein Peter Kappler, der allerdings nicht zur Familie gehörte. Ein Basler, Claus Murer aus alter Patrizierfamilie, schloss sich an.[92] Ein bayerisches Kontingent (aus dem Herzogtum Bayern-München) stieß zum Heer des Tiroler Erzherzogs: Eine nicht mehr bestimmbare Zahl von Männern, die von Alexander von Pappenheim und Hans Pienzenauer angeführt wurden. Dazu gehörten auch Hans von Freiberg, Hans von Hirschberg und Ludwig von Rechberg.[93]

Von den Tiroler Ständen verlangte Herzog Siegmund weder Geld noch Krieger. So kam es, dass zunächst – abgesehen von den herzoglichen Vasallen in Tirol beziehungsweise den herzoglichen Amtsleuten[94] – kaum Tiroler in den Reihen des herzoglichen Heeres standen. Das Aufgebot des Gerichtes Landeck war eine prominente Ausnahme.[95] Auch die (ohnehin nicht sehr zahlreichen) landesherrlichen Eigenleute wurden aufgeboten.[96]

Für die Heeresversorgung war Georg Gossembrot zuständig, einer der am meisten geschätzten Finanzexperten seiner Zeit. Er besorgte Hafer und Mehl für die Aufgebote aus den Vorlanden, welche über den Arlberg nach Landeck zogen. Roggen und Hafer – 1487 recht billig – kaufte er in Bayern ein (im Ries, in Dillingen, in Augsburg, Kaufbeuren und Füssen). Das Geld streckte teilweise der Herzog von Bayern-Landshut, Georg, vor. Die Versorgungsgüter wurden über den Brenner beziehungsweise Finstermünz und Reschenpass nach Bozen gebracht.

90 Ein großer Teil davon, wenn nicht sogar alle, wurden von Ritter Dietrich von Blumegg befehligt.

91 Während man die letztgenannten eindeutig als aus dem Allgäu bzw. dem Unterelsass stammend identifizieren kann, ist der Quellenbegriff „Stariotten" unklar. Es könnten Stradioten, leichte Reiter von Balkan, gemeint sein.

92 Laut sogenanntem „Dienstrevers" mit Erzherzog Siegmund wurde er für zwei Pferde besoldet, das heißt, für sich selbst und seinen Pagen. Ein Ritter oder ein Edelknecht ritt immer mindestens „zweispännig".

93 Vgl. Würdinger, Joseph: Kriegsgeschichte von Bayern, Franken, Pfalz und Schwaben von 1347 bis 1506, München 1868, Band 2, S. 145.

94 So gehörte Graf Wilhelm von Werdenberg-Sargans, ein Bruder des Grafen Jörg, zu den Feldzugsteilnehmern. Vgl. Hegi, Friedrich: Die geächteten Räte des Erzherzogs Sigmund von Österreich und ihre Beziehungen zur Schweiz, 1487 - 1499: Beiträge zur Geschichte der Lostrennung der Schweiz vom Deutschen Reiche, Innsbruck 1910, S. 9.

95 Diese Ausnahme ist vielleicht dadurch zu erklären, dass der erzherzogliche Pfleger von Landeck, Graf Jörg von Werdenberg-Sargans, zu der einflussreichen Gruppe der Räte gehörte, die zum Krieg mit Venedig drängten.

96 Das waren die Imster Eigenleute, die nach der Vertreibung der Starkenberger in den landesherrlichen Besitz gelangt waren.

Schwergerüstete Tiroler Krieger
Foto: Condottieri Mauriziani

Die Rüstung dieses venezianischen Hauptmannes ist mit ihrer asymmetrischen Schulterpartie und dem mit Panzergeflecht versehenen Beinzeug typisch italienisch. Auch die Giornea, ein oft kostbares, ärmelloses, an den Seiten offenes Übergewand, das mit dem Gürtel in der Taille faltenreich gerafft wird, ist für die italienische Mode des 15. Jahrhunderts kennzeichnend. Sie wird sowohl über der Zivilkleidung, wie auch im Krieg über dem Harnisch getragen.
Foto: Città del Grifo

Rovereto

Stadt und Burg von Rovereto wurden von starken venezianischen Kräften unter Nicolo de Priuli gehalten. Den Oberbefehl über die venezianischen Truppen auf dem Kriegsschauplatz führte Giulio Cesare da Varano[97].

Matsch beschloss, die Stadt anzugreifen, bevor starke venezianische Kräfte zusammengezogen werden konnten. Also rückte er mit seinem 8000 bis 10.000 Mann starken Heer vor die Stadt und ließ sie heftig beschießen. Allerdings konnte Priuli mit seiner um die Wehrfähigen der Stadtbewohner verstärkten Mannschaft einen ersten Sturmangriff abschlagen. In aller Eile zogen die Venezianer ihre Truppenabteilungen in der Lombardei und um den Gardasee zusammen, und sie riefen auch die Landbevölkerung zum Streite auf. Ein Entsatzheer für Rovereto sollte gebildet werden. Die Tiroler bezogen ein Feldlager vor der Stadt und begannen mit einer förmlichen Belagerung. Am 13. Mai schrieb aus dem Lager vor Rovereto Gaudenz von Matsch an Bischof Ortlieb[98] von Chur, im Namen Erzherzog Siegmunds seinen Gotteshausleuten im Vinschgau zu befehlen, dem Pfleger von Mals Ochsen und andere notwendige Versorgungsgüter für das Heer *„vmbain zimlich gelt“* zu verkaufen, da es erforderlich sei.[99]

Bei der Belagerung Roveretos wurden „Bomben“ in die Stadt geschossen, in älteren Darstellungen als *„dünne eiſernen Kugeln mit Pech gefüllt“*[100] Dieser Beschuss richtete große Schäden an und bewirkte eine große Panik.[101] Priuli, dem venezianischen Befehlshaber der Stadt, gelang es, mit der Hilfe eines gewissen *„Thomas del Murer von Brentoniko“*, Munition und Männer in die Stadt zu holen. Eine Bresche in der Mauer und wiederholte Sturmangriffe der Tiro-

97 Geboren wurde er 1430 als Sohn des Herren von Camerino. Er wurde Nachfolger seines Vaters Giovanni im Jahre 1444. Er diente den Päpsten als Heerführer: zuerst seit 1469 Paul II. und später Papst Sixtus IV. 1482 trat er in die Dienste des Königreichs Aragon. In den Auseinandersetzungen zwischen Päpsten und der Republik Venedig in den 1490er Jahren wurde er Generalkommandant der Republik. 1502 wurde er im Auftrag Cesare Borgias ermordet. In den älteren Darstellungen erscheint er häufig als „Camerin“ oder „Camerino“.

98 Ortlieb von Brandis wurde im Jahre 1430 auf Burg Brandis (Graubünden) geboren, er wurde 1458 Bischof von Chur und starb am 25. Juli 1491.

99 Vgl Lichnowsky: Geschichte des Hauses Habsburg, S. 626.

100 Allgemeiner National-Kalender für Tirol und Vorarlberg, Band 5, Innsbruck 1825, S. 93.

101 Wie diese Geschosse abgefeuert wurden , ist unklar. Ob es echte Mörserbomben waren, mit einem Pulvergeschütz verschossen, ist zumindest fraglich. Es könnte sich auch um eine Art von „Griechischen Feuer“ gehandelt haben, mit einer Blide oder ähnlichem Wurfgeschütz verschossen. In der Weißenburger Stiftsfehde“ verwendetet Kurfürst Friedrich von der Pfalz im Winter 1469–1470 bei der Belagerung Weißenburgs solche Wurfgeschütze. Sie waren aber zu weit von der Stadt positioniert, um Schaden anzurichten, was eventuell durch den Kurfürsten auch so geplant gewesen sein könnte. Vgl. Seehase u. Ollesch: Kurfürst Friedrich der Siegreiche, S. 66.

Burg von Rovereto, ihr heutiges Aussehen unterscheidet sich dank späterer Umbauten stark von 1487.
Foto: Florian Messner

Burg von Rovereto, Foto: Florian Messner

ler zwangen Priuli, sich mit seinen Leuten in die Burg zurückzuziehen.[102] Das war am 30. Mai 1487.[103] Einige Tiroler Aufgebote sollen sich bei den Angriffen besonders ausgezeichnet haben.

Für die Mannschaft des Gerichtes Landeck ist sogar noch eine schriftliche Belobigung seitens Gaudenz´ von Matsch für ihre damalige Haltung überliefert: *"Grave Gaudenz von Metsch Obrister Veldhaubtmann an die weysen, erbarn und beschaiden gemainen gerichtsleut des gerichtes Lanndegk meinen gueten gunnern. - Mein willig dinst zuvor. Nachdem ir meinem gnedigisten herren zue gevallen ain anzal fueßvolck in seiner gnaden veld vor Rovereid gehalten, dieselben villaicht lenger ausbeliben, dann ir vermaint hättet und deshalben schaden geliten und genomen, daz alles meinem gnedigisten herrn und euch zue guet beschehen. Nu haben sich die euren willig, vleißig und redlich gehalten, des ich euch und sy bey meinem gnedigisten herren beruemen und auch eure schaden zu widerlegen beholfen sein. Geben zu Rovereid an sand Margareten abend anno 1487."*

In einigen Chroniken ist davon die Rede, dass Graf Gaudenz sich zögerlich, ja, unentschlossen gezeigt habe und seine Unterführer die Sache in die eigenen Hände genommen hätten.[104]

Auf der Seite der Venezianer kam es nun zu einem Wechsel im Oberbefehl. Ihr bisheriger Kommandeur, Giulio Cesare da Varano, war eigentlich nur die zweite Wahl. Sein Vorgänger als Befehlshaber der bewaffneten Macht Venedigs war der berühmte Condottiere Graf Roberto da Sanseverino d´Aragona. Der hatte aber (vorläufig) seinen Abschied genommen, um mit seinem Stab und Truppen in seine alte Heimat Neapel zu ziehen, wo er im „Krieg der Barone" 1485 bis 1486 kämpfte. 1486 war er in seinen Stützpunkt Cittadella zurückgekehrt, ohne aber sofort wieder in sein altes Kommando eingesetzt zu werden.[105] In Venedig sah man sich nach den ersten Erfolgen der Tiroler genötigt, ihn zurückzurufen und ihm das Kommando eines großen Heeres anzuvertrauen.

102 Vgl. ebd. S. 93.

103 Nur einen Tag später datiert ein Brief des Dogen von Venedig an Kaiser Friedrich III., in dem das venezianische Staatsoberhaupt erklärt, dass Venedig genötigt sei, Krieg gegen den Erzherzog Siegmund zu führen.

104 Das kann natürlich auch eine Ausschmückung im Lichte des späteren Verhaltens des Tiroler Kommandeurs gewesen sein.

105 Vgl. Mallet, M.E. und Hale, J.R.: The Military Organisation of Renaissance State: Venice c.1400 to 1617, Cambridge u.a. 1984, S. 53.

Ein Trupp Tiroler Reiter bei der Rast
Die Männer sitzen ab und werden von Trossleuten verpflegt. Sie tragen Rüstungen sowohl italienischer wie auch nordalpiner Art. Italienische Harnische sind von gedrungener Form und werden von großen blanken Flächen, ausladenden Schulterpartien und großen Ellbogenkacheln gekennzeichnet. Ihre nordalpinen, gotischen Gegenstücke hingegen sind deutlich feingliedriger und weisen mit Graten und Faltenbündeln versehene Oberflächen auf.
Foto: Christopher Retsch

Der Zweikampf

Condottiere Graf Roberto da Sanseverino d´Aragona war schon etwas ergraut von der Last der Lebensjahre, er nahm seinen Sohn, Antonio Maria mit auf den Feldzug. Dieser drittälteste Sohn des alten Feldherren war um 1460/61 geboren und taucht urkundlich erstmalig im Jahre 1481 anlässlich einer Wildschweinjagd zusammen mit seinem Bruder Gaspare auf. Außerdem war er bei der Belagerung Ficarolos zugegen. Während sein Vater die Stadt belagerte, eroberte Antonio Maria (wieder zusammen mit seinem Bruder Gaspare) die Bastionen von Canda, Castelguglielmo und den Turm von San Donato. Als sein Vater 1482 schwer erkrankte, übernahm Antonio Maria zwischenzeitlich das Kommando. Am 7. Mai 1486 spielte er eine entscheidende Rolle im Gefecht von Montorio. Aber er war auch als Turnierkämpfer berühmt. Im Februar 1485 hatte er zusammen mit seinen Brüdern Gaspare und Galeazzo an einem großen Turnier in Venedig teilgenommen. Antonio Maria und Gaspare errangen den ersten Preis: 25 Golddukaten und edlen Stoff im Wert von zwölf Dukaten. Galeazzo, der als einer der besten Reiter und Turnierkämpfer Italiens galt, errang auch einen Preis.[106] Der ritterliche Zweikampf gehörte immer noch zum Idealbild eines jungen Adeligen, hüben wie drüben.

Antonio Maria da Sanseverino galt schon in jungen Jahren als begnadeter Turnierkämpfer.
Alter Stich, Archiv des Autors

Da beide Armeen das jeweilige Lager am Ufer der Etsch aufgeschlagen hatten, nicht weit voneinander entfernt, bot sich die Gelegenheit zu einem dramatischen Intermezzo.[107]

Antonio Maria da Sanseverino sandte alsdann – am 7. Juni – einen Trompeter mit einer Forderung an die im Tiroler Lager versammelten deutschen Adligen, man möge einen Kämpfer benennen, mit dem er sich ritterlich im Stile eines antiken Helden messen wolle. Die Antwort kam prompt. Der junge Johann von Waldburg-Sonnenberg[108] wolle, die Einwilligung seines Befehlshabers Graf Gaudenz von Matsch hatte er bereits eingeholt. Da die beiden Kämpfer nicht demselben Herren dienten, mussten Geiseln gestellt werden, die mit ihrem Leben (in der Realität mit Lösegeld) dafür bürgten, dass jeder der Kämpfer zur festgelegten Zeit am festgelegten Ort erscheine. Man legte den Kampfplatz (jenseits der Etsch unterhalb der Burgruine Pradaglia), fest.[109] Dabei trugen die Platzvögte Sorge, dass keiner der Kämpfer durch den Sonnenstand benachteiligt sein könnte. Man legte den Kampfpreis – der Sieger sollte 1000 Dukaten und Pferd und Harnisch des Unterlegenen erhalten – fest. Als Waffen waren Lanze, Schwert, Dolch und Streitkolben zugelassen.[110]

Es gab auch eine Art Lebensversicherung: Der Sieger sollte im Falle, dass er seinen Gegner töte, nur Pferd und Harnisch erhalten, nicht aber die 1000 Dukaten. Es wurde ein Signal der Aufgabe festgelegt, damit es nicht zu Missverständnissen komme. Das Losungswort sollte „Santa Catharina" lauten. Wichtige Bestimmungen betrafen die Zuschauer. Damit keiner der beiden Kämpfer einen Nachteil durch Zurufe, Zeichen oder Sonstiges habe, war derlei bei Androhung der Todesstrafe verboten. Nur den „Grieswarten", Sekundanten und Kampfrichtern, von denen jeder der beiden Kontrahenten vier mitbringen durfte, war es erlaubt, das Wort an die Kämpfer zu richten. In einer der Darstellungen des Duells heißt es, zur Abschreckung hätte man nahe am Kampfplatz einen Galgen errichtet, auf dass die Zuschauer eingedenk der Regeln seien.

106 Galeazzo reüssierte später nicht nur als Condottiere, sondern auch als Kunstmäzen und -sammler. Er war eng mit Leonardo da Vinci befreundet.

107 Es gibt verschiedene Darstellungen des Zweikampfes und der Begleitumstände in zeitgenössischen oder relativ zeitnahen Chroniken. Den geringsten zeitlichen Abstand hat die Chronik von Konrad Wenger, die vor dem Ende des 15. Jahrhunderts entstand. Einige Jahrzehnte jünger sind die Darstellungen des Venezianers Marco Antonio Coccio und die des Kardinals Pietro Bembo.

108 Wie jung er nun wirklich war, ist schwer festzustellen. In den Chroniken sind verschiedene Jahre als Geburtsjahr angegeben: von 1437 über 1458 und 1460 bis 1470.

109 Deswegen heißt das Duell auch im Italienischen „Disfida di Pardaglia".

110 Eine detaillierte und sehr lesenwerte Darstellung des Zweikampfes findet sich auf talhoffer.wordpress.com

Diese Abbildung aus der Truchsessenchronik zeigt Johann von Waldburg-Sonnenberg.
Pappenheim´sche Truchsessenchronik

Am Tag des Kampfes, es war der 12. Juni 1487, traten sich die Duellanten zuerst im ritterlichen Tjost gegenüber, dafür hatte man Schranken aufgebaut. Waldburg verfehlte seinen Gegner mit der Lanze, der aber erzielte einen Treffer auf der Brust Waldburgs. Dabei zerbrach die Lanze Sanseverinos, ein Stück traf sein Pferd, das erschrocken durchging. Es rannte geradewegs in die Schranken und Sanseverino stürzte aus dem Sattel. Er stand wieder auf und ging auf seinen Gegner zu. Waldburg griff ihn beritten an, aber sein Pferd scheute. Nun sprang Sanseverino ihn an und entwand ihm sein langes Schwert[111]. Waldburg riss sein Pferd herum und jagte davon, dann sprang er aus dem Sattel. Mit einem langen Dolch in der einen und einem Streitkolben in der anderen Hand trat er sogleich dem Kontrahenten gegenüber. Plötzlich warf er den Streitkolben von sich, was seine Tiroler Zuschauer, sie deuteten es als Zeichen der Aufgabe, verblüffte, ja, entsetzte. Aber Waldburg dachte gar nicht daran aufzugeben. Derweil besah sich Sanseverino, er hatte ja jetzt zu dem eigenen auch das Schwert des Deutschen, beide Waffen genau. Er behielt Waldburgs Schwert und rannte auf Waldburg zu. Mit aller Macht stieß er mit dem Schwert zu, doch dessen Vorbesitzer drehte sich zur Seite. Der Stoß ging ins Leere und Waldburg sprang seinen Gegner an. Beide rangen, Sanseverino versuchte, seinen Gegner über die Hüfte zu werfen, was ihm nicht glückte. Beide fielen zu Boden. Waldburgs Kopf lag unter dem rechten Arm Sanseverinos, aber sein rechtes Bein lag auf dem Körper des Italieners. Waldburg konnte den Dolch, den er in der rechten Hand hielt, mit seiner Linken an der Klinge fassen, wobei er sich in die Hand schnitt. Es gelang ihm aber, den Dolch unter den Panzerschurz von Sanseverino zu schieben und dann stach er mehrfach zu. Daraufhin rief Sanseverino die vereinbarte Parole „Santa Catharina" als Zeichen seiner Aufgabe. Die Grieswarte rannten hinzu und trennten die Kämpfer. Waldburg fiel auf die Knie und dankte seinem Schöpfer.

Wichtiger als der Ausgang dieses Kampfes war die Tatsache, dass am Vortag, also am 11. Juni, die Burg von Rovereto in die Hände der Tiroler gefallen war.[112]

Priuli hatte tapfer ausgeharrt, sah aber ein, dass angesichts der Zerstörungen, seines Mangels an Versorgungsgütern und den wiederholten Angriffen der Tiroler keine Hoffnung mehr bestand, auszuhalten, bis Entsatz eintreffen würde. Er übergab Gaudenz von Matsch die Burg. Die Besatzung flüchtete sich über die Brücke bei Ravazzone nach Mori.

Mittlerweile waren Schweizer Söldner beim Heer der Tiroler angelangt, die den Venezianern gleich ihre Absagebriefe sandten. Als die Zürcher am 13. Juni im Lager des Tiroler Heeres ankamen, fanden sie dort schon 800 Eidgenossen vor. Das Zürcher Kontingent selbst umfasste 350 Zürcher und 40 andere Schweizer.[113] Zwischen den Schweizern und den anderen Angehörigen des Tiroler Heeres – insbesondere den Fußknechten Blumeggs – scheint es aber Spannungen gegeben zu haben.[114]

111 Vermutlich war es ein Bohrschwert, ein sogenannter „Bratspieß".

112 Vgl. Welber, Mariano: La battaglia di Calliano 10 agosto 1487. Cronaca desunta dalle fonti narrative, Calliano 1987, S. 44–57.

113 Vgl. Nell, Martin: Die Landsknechte, Entstehung der ersten deutschen Infanterie, Berlin 1914, S. 198.

114 Vgl. Rudolph, J. Martin: Kriegsgeschichte der Schweizer seit Gründung des Schweizerbundes bis zum ewigen Frieden mit Frankreich, Baden 1847, S. 227.

Scheibendolch
Foto: Stefan Roth

Bohrschwert und Scheide
Foto: Stefan Roth

Scheibendolch, Griffgestaltung
Foto: Stefan Roth

Castel Pietra (vorne rechts) und **Castel Beseno** (Hintergrund), Foto: Florian Messner

Gaudenz von Matsch rückt ab

Ende Juni machten sich bei den Tirolern zusehends Proviantprobleme bemerkbar. Gaudenz von Matsch versuchte, den aus Richtung Gardasee kommenden Nachschub der Venezianer zu unterbinden und abzufangen. Er hatte zu diesem Zweck ein Kontingent von etwa 800 Mann an der rechts der Etsch Richtung Nago führenden Straße abgestellt. Nachdem die letzten Verhandlungen zwischen ihm und Venedig gescheitert waren, kam es am 3. Juli 1487[115] bei Ravazzone zu einem Aufeinandertreffen mit den Truppen Sanseverinos, das ohne Sieger und Verlierer ausging, bei dem aber der Sohn Roberto Sanseverinos, Antonio Maria, in Gefangenschaft geriet. Angeblich war er seinem Vater zu Hilfe geeilt, der in dichtem Kampfgetümmel in die Etsch gedrängt wurde. Roberto Sanseverino entging mit knapper Not dem Tod durch Ertrinken und der Gefangennahme, Antonio Maria fiel aber in die Hände des Feindes. Kurz darauf zog sich der Tiroler Befehlshaber völlig überraschend in Richtung Innsbruck ab, ohne sich in Trient weiter aufzuhalten und nur eine kleine Nachhut in Rovereto zurücklassend.[116] Die Etschbrücke bei Rovereto ließ er allerdings noch zerstören.[117] Ein Vordringen der Venezianer durch die Valsugana auf Trient wäre eine Erklärung, das hätte dem Tiroler Heer den Rückzugsweg abgeschnitten. Allerdings verließ Matsch die Region gänzlich. Vermutete er einen Angriff im Westen, der auch gegen seine eigenen Besitzungen gerichtet war? Es ist nicht sehr wahrscheinlich, aber immerhin möglich, dass er einen Umsturz in Innsbruck befürchtete und schnell drohenden Entwicklungen dort zuvorkommen wollte.

115 Nach anderen Darstellungen war es der 4. Juli 1487.

116 Nicht ganz dazu passen will eine andere Überlieferung, die besagt, Gaudenz vom Matsch hätte bei seinem Abzug am 7. Juli 1487 die Burg von Rovereto in Brand setzen lassen. Vgl. Gober, Manuel: Museo Storico Italiano della Guerra, Rovereto 2008, S. 38–40.

117 Vgl. Daublebsky von Sterneck, Moritz Ritter: Geschichtlicher Anhang zur militärischen Beschreibung des Kriegsschauplatzes Tirol und Vorarlberg, Wien 1872, S. 16.

Am 18. Mai hatte König Maximilian[118] Gaudenz von Matsch, für den Fall, dass Siegmund verstürbe, zum obersten Hauptmann und Gubernator Tirols und der Vorlande ernannt. Auch die Kastvogteien über die Hochstifte Brixen und Trient würden ihm dann zufallen. Möglich, dass diese Entwicklung, von der Gaudenz erst nach einigen Tagen Kenntnis erlangen konnte, seine Entscheidung beeinflusste.[119] Jedenfalls untergrub der plötzliche Rückzug seine politische Position. In vielen Darstellungen ist von Verrat die Rede, von venezianischem Geld. Auf jeden Fall stand Gaudenz von Matsch über Emissäre mit den politischen Führern Venedigs in Kontakt, ob er dabei immer im Auftrag oder im Sinne Erzherzog Siegmunds handelte, ist unklar. Vielleicht war es aber auch gar nicht Graf Gau-

118 Am 16. Februar 1486 wurde Maximilian auf Betreiben seines Vaters im Kaiserdom von Frankfurt am Main zum römisch-deutschen König gewählt. Zwei Monate später, am 9. April 1486 erfolgte seine Krönung im Kaiserdom von Aachen.

119 Die entsprechende Urkunde hatte Maximilian im flämischen Brügge ausgestellt. Vgl. Lichnowsky: Geschichte des Hauses Habsburg, S. 627.

Eine Gruppe von Reitern vor einem Feldlager. Foto: Christopher Retsch

denz der mit dem Heer abrückte, sondern das Heer mit dem Grafen. Die Schweizer Söldner waren nicht vertragsgetreu besoldet worden, jedenfalls ein großer Teil.[120] Womöglich musste Gaudenz von Matsch das Heer aus Mangel an Proviant und Geld auflösen.[121]

120 In älteren Darstellungen ist davon die Rede, vgl. Rudolph, J. Martin: Die Hülfs- und Freischaarenzüge der Schweizer seit der Gründung der Eidgenossenschaft bis zum Einfall in den Kanton Luzern im Mai 1845, Zürich 1846, S. 45.

121 Vgl. Hegi: Die geächteten Räte des Erzherzogs Sigmund von Österreich, S. 86.

Verstärkungen aus der zum Zehngerichtebund (in Graubünden) gehörenden Region Churwalden ließ man mitten auf dem Marsch wieder nach Hause zurückkehren, weil es kein Geld gab, sie zu besolden.[122]

In Trient befehligte (er war am 20. Juli dorthin aufgebrochen) Friedrich Kappler. Die Besatzung bestand aus 300 Reitern und einigem Fußvolk.

122 „Zudem ließ der Landtag zu Meran, aus übelberechneter Sparsamkeit, neue Zuzüger aus Churwalden und am Rhein wieder umkehren.“ Rudolph: Kriegsgeschichte der Schweizer, S. 227.

In den Judikarien stieß Parisotto von Lodron als Verbündeter der Lagunenstadt in Richtung Norden vor, am Gardasee belagerte die venezianische Besatzung Rivas die Burg von Tenno. Die von den Grafen von Arco angeführten Verteidiger konnten jedoch sämtliche Einnahmeversuche der Venezianer vereiteln.

Um diese Zeit – wenn nicht schon vorher – informierte eine venezianische Adlige, sie hieß Mattea Collalto, ihren Verwandten Odorico d´Arco über die Nachrichten, die zwischen Venedig und Sanseverino hin- und hergingen. Mitwisser bei diesem Verrat war wohl auch ihr Bruder Giambattista Collalto.[123]

Sanseverino rückte nur sehr langsam vor, er konnte sich offenbar den eiligen Rückzug durch Gaudenz von Matsch nicht so recht erklären und vermutete eine Kriegslist. Das würde die These von Verrat durch Matsch widerlegen. Sanseverino eroberte am 25. Juli Rovereto zurück. Die Burg von Nomi eroberten seine Truppenverbände auch sehr schnell, die Burg von Pietra hielt hingegen stand. Sanseverino wollte die schnelle Eroberung der Burg, darum stellte der Feldherr an der Nordseite der Burg, wo sie am leichtesten anzugreifen war, die Hauptmasse seines Heeres auf, während zwei kleinere Abteilungen das rechte und linke Etschufer bei Nomi und Volano besetzten und durch eine Schiffsbrücke miteinander Verbindung hielten. Am 31. Juli schickte die Stadt Hall 20 Büchsenschützen, am 2. August weitere 34 nach Trient.[124] Anfang August machten die Venezianer einen Angriff auf ein bäuerliches Aufgebot und zersprengten es. In Trient waren inzwischen Verstärkungen aus den Vorlanden und aus Graubünden eingetroffen. Fliehende Bergbewohner brachten die Kunde vom Vormarsch der Venezianer nach Trient, wo Friedrich Kappler als Stadthauptmann gebot.[125]

Gaudenz von Matsch

Unterdessen langte der oberste Feldhauptmann, Vogt Gaudenz von Matsch, mit dem gesammelten erzherzoglichen Heere, 8000—10,000 Mann stark zu Trient an und beschloss alsogleich die damals venetianische Stadt Rovereto zu nehmen, bevor die Venetianer ein ordentliches Heer ins Feld gestellt hätten. Am Georgitage langte er mit seinen Schaaren und einer grossen Anzahl groben Geschützes vor der Stadt an und als seine Aufforderung sich zu ergeben, von der venetianischen Besatzung zurückgewiesen ward, fing er an die Stadt heftig zu beschiessen, plünderte und zerstörte die Häuser vor der Stadt, und unternahm einen Sturm, welcher jedoch von dem venetianischen Stadthauptmann Nicolo de Priuli und der venetianischen, Besatzung mit Hilfe der Bürger abgeschlagen wurde, worauf Gaudenz v. Matsch sich zurückzog und die Gegend umher verwüstete. Er liess sich durch den misslungenen Versuch auf Rovereto und durch die immer mehr anwachsenden Schaaren der in der Nähe, bei Serravalle, gelagerten Venetianer nicht im mindesten irre machen; er schlug das Lager vor der Stadt und traf die Anstalten zu förmlicher Belagerung. Mehrere Tage hindurch beschoss er die Stadtmauern aus groben Geschütze und versuchte sie niederzuwerfen; besonders brachte eine Art Bomben die Besatzung in die grösste Verlegenheit. Endlich zwang er durch Brescheschiessen und wiederholtes Sturmlaufen in den letzten Tagen des Mai den venetianischen Prätor Priuli ihm die Stadt zu überlassen. — Letzterer hatte sich mit dem Reste der Mannschaft ins Schloss zurückgezogen; da aber dessen Werke durch die Kugeln der Tiroler schon sehr gelitten hatten, und zum Entsatz wenig Hoffnung war, so ergab er wenige Tage darauf sich sammt der Mannschaft auf Discretion. — So war Vogt Gaudenz am 30. Mai Herr der Stadt und des Schlosses von Rovereto. Die über die Einnahme der Stadt und des Schlosses Rovereto erschrockenen Venetianer erzürnt über die Unthätigkeit ihres bisherigen Befehlshabers Giulio di Camarin, setzten diesen ab und sandten an dessen Statt den Robert von San Severino, einen der grössten Krieger seiner Zeit, als Feldherrn ins Tirol.

Aus: Ladurner, P. Justinian: Die Vögte von Matsch, später auch Grafen von Kirchberg, in: Zeitschrift des Ferdinandeums für Tirol und Vorarlberg, Ser. 3, Bd. 18 (1873) S. 5-159, hier: S. 101–102.

123 Dem Hauptmann von Trient wurden diese brisanten Informationen zugänglich gemacht.

124 Vgl. Nell: Die Landsknechte, S. 211.

125 Daneben gab es noch eine Besatzung auf der Burg Telvana unter Dietrich von Blumegg.

Castel Pietra, Foto: Florian Messner

Die Schlacht von Calliano

In den Judikarien[126] wendete sich langsam das Blatt, Die Aufgebote der Lodron standen nun den Soldaten des Feldhauptmanns Nikolaus Firmian[127] und des Kommandanten Micheletto Segato[128] gegenüber. Der hatte 400 Tiroler „Knappen" unter seinem Kommando. Die lokalen Aufgebote der Judikarien kamen noch hinzu. Die Kämpfe endeten hier mit der Gefangennahme Paris Ottos, der nach Innsbruck gebracht wurde. Die Truppen des Bischofs von Trient, die am Durone-Pass und am Gardasee standen, wurden nun nach Trient gerufen. Segato mit seinen Leuten folgte.

Kappler blieb es vorbehalten, die verstreuten Abteilungen zu sammeln und gegen die Venezianer zu führen. Er erhielt buchstäblich in letzter Minute Verstärkungen durch den Tiroler Landsturm.

Es war Freitag, der 10. August 1487. Der örtliche Landsturm (rund 400 Leute) und die Trienter Bürger (rund 600 Mann) unter Georg von Ebenstein rückten über die Höhen bei Calliano nach Süden. Kappler stieß mit 1000 Mann (darunter auch die Reiterei) auf der Landstraße von Trient gegen die Venezianer vor. Jene hielten eine unvorteilhafte Stellung zwischen Castel Pietra und der Etsch, so dass sie wenig manövrieren konnten. Die Schlacht begann um 13.00 Uhr. Der Tag war ungewöhnlich heiß. Es erfolgte ein vorschneller Angriff der Tiroler Vorhut unter Micheletto Segato, der wenig einbrachte, aber zu Verlusten von 200 Mann führte. Dann griff Kappler mit seiner Kerntruppe – Elsässer, Breisgauer, Basler und einige Tiroler – an.[129] Er setzte seine Fußsoldaten zum großen Teil als Pikeniere ein, also nach Schweizer Manier. Noch hielten aber die Reihen der Venezianer. Ihre Infanterie zog sich langsam auf die Schiffsbrücke zurück, aber die Kavallerie, 1200 Reiter unter der persönlichen Führung Sanseverinos und seines Stellvertreters Guido de Rossi, hielt die Tiroler in Schach. Dagegen konnten die 200 Reiter Kapplers wenig ausrichten. Dann griffen aber Landsturm und Trienter unter Georg von Ebenstein in die Kämpfe ein und trafen die Venezianer in der rechten Flanke.[130] Um 18.00 Uhr wichen die Venezianer zurück. Ihre Kavallerie drängte die eigene Infanterie gegen die Schiffsbrücke, der Kommandeur, Graf Roberto da Sanseverino d´Aragona, versuchte vergeblich, Ordnung in die Bewegungen seiner Truppen zu bringen. Die Soldaten drängten en masse auf die Schiffsbrücke, die unter der Belastung zerbrach.[131] Hunderte ertranken in der Etsch, darunter auch Graf Roberto. Nach Sanseverinos Tod übernahm Guido de' Rossi das Kommando über die venezianischen Truppen und griff die Tiroler mit 300 schweren Reitern, darunter seinem Sohn Filippo Maria, und 300 berittenen Bogenschützen an. Die Tiroler erlitten Verluste durch diesen Entlastungs-

126 Als Judikarien (ital. *Giudicarie*) bezeichnet man die Region nordwestlich des Gardasees.

127 Er war seit 1478 Erbmarschall von Trient.

128 In manchen älteren Darstellungen taucht er als „Michelat Segato" auf.

129 Es waren nicht mehr besonders viele Schweizer beim Heer der Tiroler, allerdings konstatiert Valerius Anshelm in seiner Chronik, Schweizer hätten bei Calliano gekämpft

130 Vgl. Nell: Die Landsknechte, S. 216.

131 Einige Chronisten sprechen davon, Kappler habe die Schiffsbrücke angreifen lassen, was nicht unwahrscheinlich ist, er hätte nur Baumstämme o.ä. die Etsch abwärts treiben lassen müssen.

Schlachtfeld von Calliano, Foto Florian Messner

angriff, allerdings nicht besonders bedeutende. Dank der überlegenen Feldherrenkunst Kapplers hatten die Habsburger Streitkräfte nur relativ geringe Verluste von rund 500 Mann zu beklagen. Sein Vorgehen zeigt eindeutig die Schweizer Schule: die hatten während er Burgunderkriege auch mehrfach mehrere Treffen ihrer Armee in getrennten, aber abgestimmten Angriffssäulen attackieren lassen (etwa in der Schlacht von Nancy).

Am Abend der Schlacht verließ Kappler das Schlachtfeld, um in Trient zu nächtigen und kehrte am folgenden Morgen zurück. Den Leichnam Sanseverinos fand man in einem sumpfigen Uferabschnitt unterhalb der Burg von Pietra. Man brachte ihn nach Trient, wo man ihn in allen Ehren bestattete.[132]

Kappler plädierte nun dafür, direkt gegen Venedig zu marschieren, und die Venezianer begannen hastig damit, neue Kavalleristen auszuheben. und zogen sich nach Süden zurück. Die Lagunenrepublik warb also *„wiederum viel fremdes Volk“*[133] und setzte den Krieg durch Einfälle in Tiroler Gebiet fort, aber stets erfolglos. Es soll noch sechs erfolgreiche Abwehrgefechte der Tiroler gegeben haben.

Am 14. August 1487, vier Tage nach der Schlacht bei Calliano, antwortete Kaiser Friedrich III. dem Dogen Agostino Barbarigo aus Nürnberg.

Der Kaiser gab die Schuld seines erzherzoglichen Vetters am Krieg zu, der gegen seinen Willen begonnen wurde. Maximilian, Römischer König und Sohn Friedrich III., distanzierte sich ebenfalls von dem von Siegmund vom Zaun gebrochenen Krieg.

Auf dem Landtage in Hall am 16. August 1487 entließ Erzherzog Siegmund seine bisherigen Räte auf Druck der Tiroler Stände. Der chronisch klamme Siegmund hatte zwar ständig Pläne gehegt, Teile seine Herrschaftsgebietes zu verpfänden, um Geld aufzubringen.[134] Zu einem Eingreifen von der Seite des Kaisers kam es, als Erzherzog Siegmund in altgewohnter Manier Verpfändungen vornahm, diesmal eben an Herzog Albrecht von Bayern-München.[135] Hät-

132 Später wurde der Leichnam Sanseverinos nach Mailand gebracht, wo man ihn in der Kirche von San Francesco beisetzte.

133 Es wurden 5000 Reiter neu angeworben, kamen aber nicht mehr zum Einsatz. Vgl. Mallet und Hale: The Military Organisation of Renaissance State, S. 54.

134 Erste Verschreibungen Erzherzog Siegmunds an Herzog Albrecht datieren aus dem Jahre 1479.

135 Albrecht IV. von Bayern-München nutzte die Willensschwäche und Geldknappheit seines Freundes Siegmund aus, indem er im Juli 1487 einen Geheimvertrage arrangierte, welcher ihm ganz Vorderösterreich für die geringe Summe von 50.000 Gulden einbringen sollte.

ten alle Abmachungen Rechtskraft erlangt und wäre Herzog Albrecht nach einem Ableben des alten und nun zunehmend seniler agierenden Erzherzogs Siegmund Erbe Tirols und der Vorlande geworden, hätte das nicht nur für die Habsburger, sondern auch für die Reichspolitik unabsehbare Konsequenzen gehabt. Auf dem Landtage wurde – im Beisein kaiserlicher und eidgenössischer Abgesandter – eine provisorische Regierung gebildet, in der Vertreter der Vorlande ganz prominent vertreten waren: Graf Albrecht von Sulz, Kaspar von Mörsberg, Heinrich von Rechberg.[136] Neben 14 Tirolern gehörten der Regierung unter Kanzler Conrad Stürtzel acht Vorländer und zwei kaiserliche Räte an.[137]

Grabmal Sanseverinos, Foto: Florian Messner

König Maximilian bot sich am 27. August als Vermittler zwischen Tirol und Venedig an. Ihm und seinem Vater, der in erster Linie mit dem Feldzug gegen Ungarn beschäftigt war, war der Krieg zwischen Tirol und Venedig ausgesprochen missliebig. Am 12. Oktober 1487 richtetet der Doge von Venedig ein sehr versöhnliches Schreiben an Erzherzog Siegmund. Der bevollmächtigte am 15. Oktober Gesandte für Friedensverhandlungen mit Venedig. Einige seiner Gesandten sind namentlich bekannt: Benedikt Fueger (Domdekan von Brixen), Ritter Siegmund von Welsperg, Ritter Christoph von Hattstatt, Ritter Nikolaus von Firmian, Walter von Stadion, Matthäus Getzner (Bürgermeister von Hall), Sigmund Gerstel (Bürgermeister von Bozen), Jost Alpershofer (Pfleger von Burg Straßberg) und Martin Strauß.[138]

Nach Vermittlung durch die Grafen von Arco wurde am 13. November 1487 der Frieden zwischen Venedig und Tirol geschlossen, der im Wesentlichen den *status quo ante* wiederherstellte. Im Frieden wurde vereinbart, dass alle Dörfer, die in diesem Krieg von den Grafen von Lodron erobert wurden, an den Fürstbischof von Trient zurückgegeben werden sollten, und die Festungen von Storo geschleift. Die formelle Übergabe der Gerichtsbarkeit erfolgte jedoch erst im folgenden Jahr und ging an Pankratz Kühn, Hauptmann von Tenno und Emissär des Erzherzogs von Tirol.

Friedrich Kappler schien mit dem Resultat unzufrieden gewesen zu sein. Ein Zeitgenosse der ihn kannte, brachte folgendes zum Ausdruck: *„Het herzog Sigmund mit den Sungowern und Brisgowern furtruckt, als her Friedrich Gappier begert, so was Venedig gewunnen, wan sie hant sich in der stat Venedig in die Flucht bereit.“*[139]

136 Zu den neuen Räten gehörten weiterhin: Benedikt Füeger, Degen Fuchs, Nikolaus von Firmian, Paul von Lichtenstein, Thomas von Freundsberg, Walter von Stadion, Heinrich Anich, Heinrich von Rechberg. Vgl. Köfler, Werner: Land, Landschaft, Landtag: Geschichte der Tiroler Landtage von den Anfängen bis zur Aufhebung der Landständischen Verfassung 1808, Innsbruck 1985, S. 268.

137 Vgl. Speck, Dieter: Kleine Geschichte Vorderösterreichs, Karlsruhe 2016, S. 102.

138 Eberle Joseph: Die Kirche des heiligen Vigilius und ihre Hirten; Kurze Geschichte des Bisthums und der Bischöfe von Trient, Bozen 1825, Band 1, S. 272.

139 Zitiert nach Vulpinus, Theodor: Ritter Friedrich Kappler, Ein Elsässischer Feldhauptmann aus dem 15. Jahrhundert, Straßburg 1896, S. 68.

Der Rückmarsch des Tiroler Heeres.
Zeichnung: Sascha Lunyakov

Roberto da Sanseverino

Die hochadelige Familie der Sanseverino gehörte zu den sogenannten „Sieben Großen Häusern des Königreichs Neapel", neben den Acquaviva, Celano, Evoli, Marzano, Molise und Ruffo. Sie galten als die führende Familie unter den ebengenannten Geschlechtern und führten ihre Abstammung auf einen normannischen Adligen namens Turgisio zurück. Die Sanseverino hatten im Königreich Neapel einen semi–souveränen Status, der ihnen wiederholt von den Königen bestätigt wurde. Hauptsächlich in Süditalien ansässig hielt die weitverzweigte Familie 40 Grafschaften, neun Markgrafschaften, zwölf Herzogtümer und zehn Fürstentümer.
Roberto da Sanseverino, Graf von Caiazzo, wurde im Jahre 1418 geboren. Er war der Sohn von Leonetto Sanseverino und von Elisa Sforza, der Schwester, Francesco Sforzas, des Herzogs von Mailand. Er erhielt den Ehrennamen „d´Aragona" vom König von Neapel. Roberto da Sanseverino kämpfte als Condottiere im Dienste des Mailänder Herzogs in den 1440er- und 1450er-Jahren. 1458 brach er zu einer Pilgerfahrt ins Heilige Land auf. Nach seiner Rückkehr trat er in die Dienste des Königs von Neapel während der ersten„Verschwörung der Barone" (*congiura dei baroni*) von 1459 bis 1462. dann kämpfte er für Florenz gegen Venedig, danach wieder im Dienste Mailands. Nach der Ermordung von Galeazzo Maria Sforza kehrte er nach Mailand zurück. Er wurde zum erbitterten Feind des Mailänder Kanzlers Cicco Simonetta und wurde gezwungen, ins Exil zu gehen (genauso wie Ludovico Sforza). In Abwesenheit wurde er zum Tode verurteilt und seine Güter wurden eingezogen und Ercole d'Este übergeben. Danach wurde Sanseverino Generalkapitän der Republik Genua und kämpfte 1478 gegen Mailand. 1479 durfte er dorthin zurückkehren. Sein Güter erhielt er ebenfalls zurück. 1482 trat er in die Dienste Venedigs und kämpfte im Krieg von Ferrara. 1484 wurde Sanseverino zum Generalkapitän der italienischen Liga für neun Jahre Dauer ernannt, das war verbunden mit einem jährlichen Gehalt von 120.000 Dukaten. Im Oktober 1485 erhielt er von Venedig die Freigabe, im Dienst des Papstes gegen die Neapolitaner zu kämpfen. Die Kampagne entwickelte sich nicht wie erwünscht, und Sanseverino wurde vom Papst entlassen. Mit seiner ersten Frau Giovanna da Correggio hatte er vier Söhne, die alle ebenfalls Condottieri wurden, und eine Tochter. Mit seiner zweiten Frau Elisabetta da Montefeltro hatte er weitere acht Kinder, davon erreichte sein Sohn Federico später sogar die Kardinalswürde.

Nach Spreti, Vittorio: Enciclopedia storico–nobiliare italiana: famiglie nobili e titolate viventi riconosciute dal R. Governo d'Italia, compresi: città, comunità, mense vescovili, abazie, parrocchie ed enti nobili e titolati riconosciuti, Rom 1928–1936.

Nachgang

Der „Rat der Zehn" in Venedig verurteilte 1489 Mattea Collalto wegen Verrats zu lebenslanger Verbannung nach Kreta.[140]

Für die Tiroler Stände war das Maß der Misswirtschaft nun voll. Der Erzherzog musste dem Landtage (November 1487 in Meran) eine neue „Hof- und Landesordnung" bewilligen.

Wer geglaubt hatte, die alten Räte hätten ihre Niederlage eingestanden und ihre Entlassung akzeptiert, sah sich getäuscht. Sie kannten ihren wankelmütigen Erzherzog zu genau und hofften auf eine Wiedereinsetzung. So entwickelten sie ein reges Intrigenspiel und wandten sich an alle möglichen einflussreichen Persönlichkeiten. Ganz aussichtslos war dieses Vorgehen nicht: Oswald von Thierstein war schon einmal, im Winter 1486/87, seines Postens als Landvogt im Elsass enthoben und durch Wilhelm von Rappoltstein ersetzt worden. Erzherzog Siegmund hatte ihn aber nach wenigen Monaten wiedereingesetzt.

Kaiser Friedrich III. schritt nun ein, geschickterweise wurden für die letzten Eskapaden Siegmunds dessen Ratgeber und Amtsleute verantwortlich gemacht, die „bösen Räte".[141] Nun war es im ausgehenden Mit-

140 Vgl. Shaw, Christine: The politics of exile in Renaissance Italy, Cambridge 2004, S. 100.

141 Nun darf man den Terminus „Rat" nicht im Sinne eines Angehörigen des herzoglichen Rates oder Kabinetts verstehen. Räte wurden die Hofbeamten genannt. Nicht alle hatten qua Amt besonderen Einfluss. Es war vielmehr ihre Position in der Gunst des recht leichtgläubigen Erzherzogs, der ihren Einfluss ausmachte. Einige Räte überstanden den Sturz der „bösen Räte" und sogar den Regierungswechsel. Hofmarschall Paul von Liechtenstein bekleidete diese Position auch unter Maximilian, Georg Gossembrot stieg zu einem der wichtigsten Ratgeber Maximilians auf.

telalter ein Topos, dass der Landesherr stets gütig, weise und gerecht sein müsse. Fehlentscheidungen wurden oft auf die schlechte Beratung durch Räte zurückgeführt. Das machte sich jetzt Kaiser Friedrich III. zunutze und entmachtete die alte Hofkamarilla ein für alle Mal, übrigens unter großer Zustimmung seitens der Tiroler Landstände. Der Kaiser Friedrich verhängte am 8. Januar 1488 in Innsbruck die Reichsacht über verschiedene Personen aus dem Beraterkreis Siegmunds.[142] Im Einzelnen handelte es sich um Graf Jörg von Werdenberg-Sargans; Vogt Gaudenz von Matsch, Graf zu Kirchberg; Graf Oswald von Thierstein; Graf Heinrich den Jüngeren von Fürstenberg; Freiherr Hans Werner von Zimmern; Hans von Wehingen[143]; Gotthard Hartlieb; Christian Winkler; Jakob Streyt; Paul Marquart; Thomas Pipperle und Anna Spieß sowie ihre Anhänger und Helfer wegen der Beleidigung der Kaiserlichen Majestät. Dieses „*crimen leasae maiestati*" hätten sie begangen, indem sie Erzherzog Siegmund eingeredet hätten, er, der Kaiser, wolle Erzherzog Siegmund absetzen, mehr noch, ihn vergiften lassen. Einige der nun in Reichsacht gefallenen Personen brachten sich nach Bayern in Sicherheit, andere gingen in die Eidgenossenschaft.[144] Tatsächlich richtete sich das Vorgehen des Reichsoberhauptes auch gegen seinen Tiroler Verwandten Siegmund. Schon im Sommer 1487 hatte der Kaiser in einem Brief an Siegmund diesem ernste Konsequenzen angedroht, sollte dieser Tirol an den Bayernherzog verkaufen oder vererben. Die Tiroler Stände, früher durchaus auf den selbständigen Status Tirols bedacht und keineswegs gegen Siegmund eingenommen, waren durch die Misswirtschaft und das Gebaren der geächteten Räte nun offen für neue Arrangements.

Der Kaiser vereinbarte mit den Ständen, dass sein Sohn, König Maximilian[145], nach dem Ableben Erzherzog Siegmunds der neue Landesherr werden sollte. Letzterer verzichtete auf seine Herrschaft (gegen lebenslanges Wohnrecht auf einigen Schlössern sowie die Freiheit, überall in Tirol zu fischen und zu jagen). Eine angemessene Apanage gab es obendrein.[146]

In der Abdankungsurkunde aus dem Jahre 1490 steht, dass Siegmund „*aufgrund von Alter und Blödigkeit des Geistes*" zurücktrat, was wohl ein klares Bild des geistigen Zustandes des Herrschers aufzeigt.

Als letzten Wunsch vor seinem Tod wollte Siegmund nochmals seine Hand in Silber tauchen. Man brachte ihm drei Becken voller Münzen an sein Bett. Die dafür notwendigen 400 Gulden musste man aber ausleihen, dermaßen verarmt war Sigmund der Münzreiche am Ende seines Lebens. So starb er am 4. März 1496 in Innsbruck. Erzherzog Siegmund wurde prunkvoll in der Familiengruft zu Stams an der Seite seiner ersten Gattin beigesetzt. Die erst 28jährige Witwe Katharina heiratete in zweiter Ehe den Waffenbruder und Vertrauten Maximilians, Herzog Erich von Braunschweig.

Siegmunds ehemaliger Rat Oswald von Thierstein verstarb bereits 1488. Erbe wurde sein Bruder Wilhelm.

Nikolaus von Firmian wurde 1488 neuer Landeshauptmann Tirols, König Maximilian machte ihn 1495 zum Hofmeister seiner Gemahlin Bianca Maria Sforza.

Gaudenz von Matsch erwarb das Bürgerrecht von Luzern und versuchte, aus der Reichsacht freizukommen. Das gelang ihm zwar letztlich, auch indem er im Dezember 1496 einige Güter (Castels und Schiers) im Prättigau an König Maximilian verkaufte,[147] aber er büßte jeden politischen Einfluss in Tirol ein. Er starb am 24. April 1504 auf der Churburg.[148] Graf Jörg von Werdenberg-Sargans versuchte nach Verhängung der Reichsacht, ein Bündnis zwischen Eidgenossen und Bayern bzw. zwischen Eidgenossen und Venedig gegen die Habsburger zustandezubringen. Als letzter Vertreter seines Geschlechts starb er politisch und finanziell ruiniert im Jahre 1504. Er hinterließ sechs außereheliche Kinder

Eine beeindruckende militärische Karriere machte Friedrich Kappler. Er empfing Ehrungen und finanzielle Zuwendungen. Am 27. Dezember 1487 befand er sich noch in Tirol, denn im Innsbrucker Raitbuch von 1487 ist zu lesen:

„*Dem Friedrich K., Ritter und Knechten, die unter ihm im Felde sind 27. Dec. 1500 Gldn. und Friedr. K. neuerdings am 24. Dec. 100, am 27. Dec. 21 Gldn. 4 Pf. B. und am 24. Dec. seinem Schreiber 12 Gulden.*"

Außerdem erhielt er ein „Gnadengeld" von 1500 Gulden und nach seiner Rückkehr ins heimatliche Elsass die Vogtei über Maasmünster und das Dorf Gildweiler.

Am 19. Januar 1493 besiegte er als Kommandeur habsburgischer Truppen ein französisches Expeditionskorps bei Dournon. 1495 befehligte er zusammen mit Georg von Ebenstein ein Kontingent österreichischer Söldner im Dienst des Mailänderherzogs Ludovico Sforza gegen die Franzosen.[149] Im Schweizerkrieg von 1499 war er einer den wenigen Komman-

142 Vgl. Messner, Florian; Ollesch, Detlef; Seehase, Hagen und Vaucher, Thomas: Der Engadiner Krieg, Eine Reise in die Renaissance, Eltville 2016, S. 58–59.

143 Er war Obermarschall gewesen und hatte regen Anteil an der Entscheidung zum Krieg gegen Venedig gehabt.

144 In der Elsässer Ritterschaft scheint es wegen der Abberufung Thiersteins einige Aufregung gegeben zu haben. 1488 schrieb Erzherzog Siegmund an Friedrich Kappler, Wilhelm Kappler, Martin Stör und andere elsässische Notabeln, sie sollen sich nicht von Thierstein gegen ihn (Siegmund) aufhetzen lassen und sich getreu ihrer Untertanenpflicht verhalten.

145 Er war ja seit 1486 römischer König.

146 Trotzdem starb er nahezu mittellos.

147 Seine Tochter Catharina heiratete Maximilians Kämmerer Erhard von Polheim. Catharina wurde zur Haupterbin eingesetzt. Nach ihrem Tod 1514 gab es einen jahrzehntelangen Rechtsstreit um das Erbe zwischen Polheim und den Grafen von Trapp, den Neffen von Gaudenz von Matsch, den die letzteren schlussendlich gewannen. Vgl. Messner; Ollesch; Seehase und Vaucher: Der Engadiner Krieg, S. 71.

148 Vgl. Ladurner: Die Vögte von Matsch, S. 154.

149 Vgl. Messner, Florian und Seehase, Hagen: Die Enntbirgischen Feldzüge, Berlin 2018, S. 61.

deure auf Habsburger Seite, deren Reputation keinen Schaden nahm. Am 1. Juni 1499 führte Kappler seine Truppen zum Sieg über die Eidgenossen in einem Gefecht bei Altkirch.

Dann brachte der 22. Juli 1499 die verheerende Niederlage der Habsburger gegen die Schweizer bei Dornach an der Birs, Kappler kommandierte die Truppen aus dem Sundgau und entkam dem Tod nur knapp. Im Jahre 1500 fand man ihn als württembergischen Landvogt in Mömpelgart (Montbeliard). 1504 und 1505 kommandierte er die Württemberger Reiterei im Landshuter Erbfolgekrieg. Friedrich Kappler starb im Januar 1506 im elsässischen Maasmünster. Kappler war zweimal verheiratet, er hatte zwei Töchter, Magdalena und Clarelse.

Antonio Maria da Sanseverino erholte sich von seinen Wunden, geriet in Gefangenschaft der Tiroler, aus der er im September 1487 wieder freikam. Als Veteran noch etlicher Feldzüge verstarb er 1509 in Mailand. Johann von Waldburg-Sonnenberg wurde später Truchsess von Waldburg, er starb am 24. Juni 1510 in Wolfegg.

Die im Kaunertal, einem Seitental des Oberinntales, stehende Kirche von Kaltenbrunn bekam große Bedeutung für die Landsknechte. Laut einer Überlieferung soll die erste kleine Kapelle dort im 13. Jahrhundert von Ritter Erbo Schenkenberg als Buße für einen Mord errichtet worden sein. 1483 stiftete Erzherzog Siegmund einen Kaplan. Ein Gnadenbild aus dem 14. Jahrhundert machte die Kirche dann zum Wallfahrtsort der Landsknechte.

Zum ehrenden Angedenken an die (adligen) Teilnehmer der Schlacht auf Tiroler Seite hängte man in Trient die „Callianer Siegestafeln“[150] auf.

Die namentlich erwähnten Feldzugsteilnehmer von 1487 lauten wie folgt:[151]

Friedrich Kappler
Christoph von Hattstatt
Hans Kaspar von Laubenberg
Ludwig von Rechberg
Ludwig von Reinach
Hans Schinhais
Martin Stör
Pangraz Han von Hanberg
Georg Kreuzer von Werdenberg
Thomas von Freundsberg
Wilhelm Kappler (ein Bruder von Friedrich Kappler)
Heinrich von Hattstatt
Philipp von Lichtenstein
Simon Pfirt
Hans von Freiberg
Hans von Hirschberg
Hans von Neuburg
Hermann Waldner
Hans von Rinn
Hans von Weinegg
Georg von Welsberg
Michael von Hecken
Ludwig von Blumau
Karins von Neufels
Georg von Riedberg
Georg von Ebenstain
Georg von Zwingenstein
Caspar Pöcklin
Hans First
Friedrich von Knöringen
Werner Giel von Gielsberg
Melchior Brandeck
Hans von Hohenfirst
Fritz von Winkenthal
Hans Anich
Michael Anich
Veit Anich
Claus Murer
Ludwig Müller[152]

Die Callianer Siegestafeln sind heute leider verschwunden. Die Rüstung von Roberto da Sanseverino d´Aragona ist allerdings noch vorhanden: Sie wird bis heute in der Wiener Rüstkammer aufbewahrt. Die Rüstung seines Sohnes Antonio Maria verbrachte der im Zweikampf siegreiche Johann von Waldburg-Sonnenberg nach Schwaben (wo er auch eine Kapelle stiftete). Im Dom von Trient kann man die immer noch erhaltene Grabplatte Sanseverinos (sen.) bewundern: Diese zeigt den Feldherrn in der Blüte seines Lebens. In der Rechten hält er das Banner Venedigs, allerdings ist der Schaft zerbrochen, der Markuslöwe liegt am Boden.

In der Wolfegger St. Katharinenkirche kam man das 1735 von Franz Joseph Spiegler begonnene Deckenfresko bewundern, das eine Phase des Zweikampfes zeigt.

Auf der Waldburg befindet sich ein barockes Gemälde, das den Zweikampf ebenfalls abbildet.

Die Innsbrucker Hofkirche birgt das monumentale Grabmal Kaiser Maximilians I. Eine Inschrift bezieht sich auf den Sieg der Tiroler bei Calliano. Für den kaiserlichen Sekretär Georg Boczkay, der die Inschriften für den Kenotaph Maximilians in der zweiten Hälfte des 16. Jahrhunderts entwarf, stellte sich der historische Sachverhalt jedenfalls so dar: „IVNCTIS CVM PATRVELE SIGISMVNDO ARMIS, ROVERETVM OPPIDVM EXPVGNATVM, AC VENETORVM COPIAE VNACVM DVCE ROBERTO SANSEVERINO, AD VICVM CALLIANVM DELETAE.“ Auf

150 Es könnt sich auch nur um eine Siegestafel gehandelt haben, die später in zwei Teile zerbrach. Die Tafeln waren im 19. Jahrhundert noch vorhanden und die Namen lesbar. In Würdingers „Kriegsgeschichte“, die 1868 erschien, werden die Votivtafeln als noch vorhanden aufgeführt.

151 Aufstellung nach Hormayr: Taschenbuch für vaterländische Geschichte, S. 352.

152 Die meisten der namentlich Genannten stammten aus dem Oberelsass oder aus Tirol.

Burg Waldburg, Foto: Henrik Seehase

Deutsch bedeutet das: Nachdem sich die Truppen[153] mit dem Oheim Siegmund vereinigt hatten, wurde die Stadt Rovereto erobert und das Heer der Venezianer zusammen mit dem Anführer Roberto da Sanseverino beim Dorf Calliano vernichtet. Ohne Zweifel stand es dem Schöpfer dieser Zeilen gut an, der Nachwelt vom Ruhm und Verdienst Kaiser Maximilians in der Schlacht von Calliano zu berichten, den nackten historischen Fakten entsprach dies jedoch nicht. Maximilian war überhaupt nicht in diese Auseinandersetzung verwickelt, das ganze Unternehmen widersprach nämlich den Intentionen und der Politik des kaiserlichen Hauses Habsburgs vollständig.

Grabmal Sanseverinos in Trient,
Foto: Florian Messner

153 Gemeint sind damit Truppen König Maximilians.

KRIEGSWESEN UND KRIEGSFÜHRUNG ZUR ZEIT DES VENEZIANERKRIEGES

Die Heeresmacht der Tiroler

Michel Beheim beschrieb in seiner Reimchronik ein Ereignis, das sich am 4. August 1471 ereignete. Einer Kurpfälzer Streitmacht gelang die Einnahme von Lambsheim bei Frankenthal, in Strophe 1389 in Beheims Chronik heißt es, zu den Verteidigern Lambsheims gehörten 20 „*Fußknecht derselben Land*". Entweder bezieht sich das auf eine gleiche Herkunftsregion dieser Fußknechte und der Reisigen oder es ist tatsächlich eine der ersten Erwähnungen des Terminus´ „Landsknechte". [154]

Nun, Landsknechte im Sinne des mit König/Kaiser Maximilian oder Georg von Frundsberg assoziierten Kriegertypus´ waren das noch nicht. Aber gerade das Jahr 1487 zeigte mit zwei militärhistorisch bedeutenden Schlachten die Genese des neuen Kriegertypus´. Neben der Schlacht von Calliano war dies die Schlacht von Stoke in England am 16. Juni 1487. Neben aufständischen englischen Adligen samt Gefolge und mehreren Tausend leichtbewaffneten Iren bildeten 2000 Schweizer und deutsche Söldner unter Hauptmann Martin Schwarz eine Armee, die den neuen englischen König Henry VII aus dem Hause Tudor im Namen eines Prätendenten des um die Krone konkurrierenden Hauses York entthronen wollte. Trotz ihrer Tapferkeit und trotz ihrer (in England) neuartigen Kampfesweise ging der Söldnerhaufen zugrunde, mit ihm Hauptmann Schwarz [155] und sein Stellvertreter und Bannerträger („Venner") Hans Kuttler aus Bern. [156] Angeworben wurden sie in Mecheln, dem Sitz Margaretas von York, der Witwe Karls des Kühnen. Sie stammte aus dem Hause York und ihr Hof war Treffpunkt vieler Anhänger dieses Geschlechts. Neben diesem politischen, war auch der militärische Aspekt bedeutsam.

Die Schweizer galten nicht erst seit den Burgunderkriegen als die beste Infanterie Europas. Man muss unterscheiden zwischen den regulären Verbänden der Schweizer Orte (Kantone) und Freiwilligenhaufen, die sich oft ohne Bewilligung (oder sogar gegen deren ausdrücklichen Befehl) in den Dienst zahlungskräftiger Auftraggeber stellten. Ab der Mitte des 15. Jahrhunderts schienen Schweizer Söldner in den umliegenden Ländern ubiquitär gewesen zu sein. So bewiesen beispielsweise Schweizer Fußknechte unter dem Kommando des späteren Zürcher Bürgermeisters Hans Waldmann im Dienste Kurfürst Friedrichs von der Pfalz in der Schlacht von Seckenheim am 30. Juni 1462 ihren Kampfwert. Die waren allerdings mit Zustimmung der Eidgenossenschaft, zu der der Pfälzer Kurfürst gute Beziehungen pflegte, angeworben worden. Nicht allzuviel ist über die 200 Schweizer Kriegsknechte bekannt, die im II. Markgrafenkrieg [157] von der Stadt Augsburg für die Seite des Markgrafen Albrecht III. Achilles von Brandenburg-Ansbach angeworben wurden. [158] Der hatte einmal böse Erfahrungen mit den Schweizern machen müssen. Im I. Markgrafenkrieg erlitten seine Truppen bei den Pillenreuther Weihern am 11. März 1450 eine Niederlage gegen das Stadtaufgebot von Nürnberg, das aus Reitern und 4000 Fußknechten bestand, darunter befanden sich 800 bis 1000 Schweizer mit Langspießen. Deren Hauptmann Heinrich Malters wurde sogar zum Befehlshaber aller Nürnberger Fußtruppen ernannt. Er wollte die Nürnberger ähnlich dem Schweizer Muster bewaffnen, ohne kurze Spieße, aber mit Hellebarden, Büchsen und Armbrusten. Zusammen mit den geworbenen Schweizer Langspießern konnte man so einen Gevierthaufen bilden. Allerdings verzichtete Malters nicht auf eine Wagenburg. [159] Sogar im burgundischen Heer waren Schweizer vertreten. Bei dem Kontingent, das vom Vogt der Pfandlande, Peter von Hagenbach, auf dem Feldzug gegen Frankreich 1472 befehligt wurde, gab es neben einer relativ überschaubaren Anzahl von Reitern auch 275 Fußknechte mit Fernwaffen, 67 mit Hellebarden und immerhin 322 mit Langspießen. Neben den französischen Regionen Auxois [160] und Montagne-Noire sind als Herkunftsregionen die Grafschaft Pfirt und die Schweiz angegeben.

Im Kriegsfalle marschierten neben den Aufgeboten der Kantone [161] Freiwilligenhaufen unter eigenen

154 Der Begriff taucht in der Schreibweise „Landknechte" erstmals in der Chronik Preußens des Johann von Posilge Anfang des 15. Jahrhunderts auf.

155 Schwarz war ein Veteran der Burgunderkrieg, war angeblich vom Kaiser anlässlich seines Einsatzes bei der Belagerung von Neuss zum Ritter geschlagen worden. Dort hatte er nicht – wie vielfach – behauptet, im Heer des Burgunderherzogs gekämpft, sondern im Reichsheer. Später gehörte er zu dem Heer von 6000 Knechten „*uß oberdütschen Landen, von Schwaben und Schwyzeren glych Theil*", das nach Flandern zog. 1485 befehligte er eine Einheit von 200 Schweizer Knechten im Dienste Graf Engelbert von Nassaus. Vgl Anshelm, Valerius: Berner Chronik, Erster Band, Bern 1825, S. 390.

156 Den hatte man aus seiner Heimatstadt verbannt – vermutlich wegen der nicht obrigkeitlich genehmigten Teilnahme an einem Kriegszug.

157 Das war der von 1460 und 1463 ausgetragene Konflikt zwischen Markgraf Albrecht III. Achilles von Brandenburg-Ansbach und Herzog Ludwig IX. von Bayern-Landshut und den jeweiligen Alliierten.

158 Vgl. Weissinger, Rolf: Die Schlacht bei Giengen, 19. Juli 1462, Die Geschichte eines vergessenen Krieges, o.O. 1998, S. 18.

159 Vgl. Nell: Die Landsknechte, S. 15. Von Langspießen ist in dem Zusammenhang nicht die Rede. Offensichtlich konnte man in kurzer Zeit die Leute nicht recht in deren Gebrauch ausbilden.

160 Diese Region gehörte damals zum burgundischen Kernland.

161 Diese wurden untergliedert in den Auszug (er umfasste in der Regel die meist unverheirateten Männer zwischen 16 und 30 Jahren , die Landwehr (das waren dann etwas ältere) und den nur im äußersten Notfall aufgebotenen Landsturm. Vgl.: Miller, Douglas und Embleton, Gerry: The Swiss at war, 1300–1500, London 1979.

Hauptleuten mit, die sich selber unterhalten mussten, aber die Gelegenheit nutzten, um Beute zu machen.[162]

Die Schweizer, das heißt die Eidgenossen und die Bewohner der zugewandten Orte, zogen auch außerhalb des Bannkreises ihrer Heimatorte in den Kampf, und das taten sie auch dann, wenn nicht Bündnispflicht die Ursache war. Sie waren eigentlich ständig kriegsbereit. Im Umgang mit der Waffe übte sich jeder von Jugend auf, eine organisierte militärische Ausbildung gab es allerdings kaum.[163] In den bündischen Jungmannschaften der Eidgenossenschaft war der Umgang mit der Waffe regelrechter Hochleistungssport.[164] Es galt das Prinzip der allgemeinen Wehrpflicht vom 14. (später vom 16.) bis zum 60. Lebensjahr. Die Tagsatzung, eine Art Parlament aus den Abgesandten der einzelnen eidgenössischen Orte (Kantone), bestimmte die Anzahl der Wehrmänner, und die kantonale Obrigkeit ordnete dann die Mobilisierung an. So ist die zahlenmäßige Überlegenheit der Schweizer Heere in der damaligen Zeit zu erklären. Oft jedoch griffen die Schweizer auch aus der Unterzahl heraus an, selbst wenn das Zahlenverhältnis sehr deutlich zu ihren Ungunsten sprach (so im Jahre 1444 gegen die Armagnaken).[165] Ihre unbedingte Wehrbereitschaft, große Tapferkeit und kriegerischer Sinn waren Kennzeichen der Eidgenossen.[166] So nahm der einfache Kriegsknecht die Waffen mit in den Kampf, die auf rücksichtslose Angriffswirkung abzielten. Das waren die mit beiden Händen zu schwingende Helmbarte, Schwert, Dolch und Axt. Fernwaffen waren nicht so verbreitet, spielten aber trotzdem eine gewisse Rolle. Auf Rüstungen wurde kein besonderer Wert gelegt, jedenfalls zunächst. Für die in größerer Zahl eingesetzten Pikeniere waren jedoch logischerweise Schutzausrüstungen nötig. Es galt das Prinzip, dass ein jeder Schweizer Wehrmann selbst für seine Ausrüstung zu sorgen hatte, allerdings abgestuft nach seinem Vermögen. Arme Leute erhielten aus den Rüstkammern, was sie zum Kriegsdienst brauchten. Hatte ein Wehrmann Schulden, durfte ihm ein Gläubiger die Waffen nicht fortnehmen. Wer das Bürgerrecht in einer eidgenössischen Stadt erwerben wollte, musste unbedingt den Besitz angemessener militärischer Ausrüstung nachweisen. Die Aufgebote der Kantone waren untergliedert in den Auszug (er umfasste in der Regel die meist unverheirateten Männer zwischen 16 und 30 Jahren , die Landwehr (das waren dann etwas ältere) und den nur im äußersten Notfall aufgebotenen Landsturm. Die Kantone mit einem großen Anteil städtischer Bevölkerung (etwa Zürich) organisierten die Krieger unter den Stadtbewohnern nach Zünften.

In den Burgunderkriegen zeigte sich die Schweizer Infanterie von ungeheurer Schlagkraft. Die taktische Formation war der 30 bis 50 Mann breite und ebenso tiefe Gewalthaufen. Die äußeren Glieder bestanden aus erfahrenen Leuten mit dem rund 5,5 bis 6 Meter langen Spieß. Die Schweizer hielten den Langspieß (dessen Schaft leicht konisch war) im Schwerpunkt, das heißt, bei etwa einem Drittel des unteren Endes. Bei gefällten Spießen ragten also die Spitzen des vierten Gliedes noch einen halben Meter vor das vorderste Glied.[167] Die Eidgenossen hatten die Wirkung des Langspießes bei ihrer Niederlage gegen die Mailänder 1422 bei Arbedo schmerzlich erfahren müssen und ihn prompt in das eigene Arsenal übernommen, wo er die Hellebarde allmählich ergänzte und ersetzte. Eine Skulptur aus dem Jahre 1370 aus Basel (das damals noch nicht zur Eidgenossenschaft gehörte) zeigt einen Krieger mit einem solchen Langspieß.[168] Nicht viele Hölzer waren zur Herstellung von Schäften für Langspieße geeignet, neben der später sehr häufig verwendeten langbrüchigen Esche war es das Holz der Kornelkirsche.[169]

Die Spießträger waren mit dem halben Harnisch ausgestattet waren. In der Mitte der Formation standen die Leute mit Helmbarten (oder Hellebarden), anderen Stangenwaffen wie Roßschindern, Glefen, Voulgen, Guisarmen, Luzerner Hämmern oder ähnliche. Die Langspießträger stoppten feindliche Reiterei oder trieben feindliches Fußvolk zurück, dann brachen aus der Mitte des Gevierts die Hellebardenträger hervor und griffen ins Handgemenge ein. Um 1400 waren 80% des Schweizer Fußvolks mit der Hellebarde bewaffnet, bei Murten 1476 waren es noch 40%. Ein kräftiger Hieb mit dieser Waffe konnte sogar einen Plattenharnisch durchdringen.[170] Ebenfalls gefürchtet waren die Kämpfer mit dem Bidenhänderschwert. Das waren zumeist ausgesuchte Leute, die den Nachweis ihrer Fertigkeiten mit der Waffe bei einem Fechtmeister ablegen mussten. Sie erhielten doppelten Sold und waren häufig die Leibgarde eines Feldhauptmanns oder die Fahnenwache. Daneben waren Schweizerschwert und Schweizerdegen in Gebrauch, die sich durch Klingenlänge und –breite unterschieden. Fechtschulen nach deutschem Muster wurden auch in der Eidgenossenschaft populär. So hielt sich beispielsweise 1454 der berühmte Fechtlehrer Hans Talhoffer in Zürich auf und erteilte am Rathausplatz Fechtunterricht.

162 Vgl. Fiedler, Siegfried: Taktik und Strategie der Landsknechte, 1500–1650, Augsburg 2002, S. 30 –31.
Diese Freiwilligenverbände waren nicht vereidigt und erhielten keinen regulären Sold.

163 Vgl. Schaufelberger, Walter: Der alte Schweizer und sein Krieg, Zürich 1966, S. 43.

164 Vgl. Fiedler: Taktik und Strategie der Landsknechte, S. 40.

165 Vgl. Keegan, John: Die Kultur des Krieges, Berlin 1965, S. 467.

166 Vgl. Fiedler: Taktik und Strategie der Landsknechte, S. 30.

167 Vgl. Ortenburg, Georg: Waffen der Landsknechte, 1500–1650, Augsburg 2002, S. 45.

168 Vgl. Heath: Armies of the Middle Ages, S. 136.

169 Diese kam in Norditalien recht häufig vor.

170 Vgl. Ortenburg: Waffen der Landsknechte, S. 45.

Das Gepräge der Thurgauer, der oberschwäbischen und der bayerischen Knechte war noch sehr vom Schweizer Vorbild geprägt.
Foto: Fred Wutz

Reiterei spielte bei den Schweizern keine große Rolle, nur Bern verfügte über ein „Rossbanner" mit 100 gepanzerten Lanzenreitern und 200 berittenen Leichtbewaffneten.

Die von den Schweizer Fußsoldaten benutzten Fernwaffen waren die Armbrust und die Handfeuerwaffe, der Langbogen spielte nur eine marginale Rolle. Um die Mitte des 15. Jahrhunderts betrug das Verhältnis von Armbrustschützen zu Feuerwaffenschützen 8:1, zur Zeit der Burgunderkriege war es nur noch 1:1. Mit Sicherheit waren in der Schlacht von Nancy (im Jahre 1477) 800 Schweizer Feuerwaffenschützen anwesend.

Zu dem militärischen Eindruck, den die Eidgenossen auf den Süden Deutschlands machten, gehörte auch die Teilnahme von Schweizer Söldnern an den militärischen Konflikten im süddeutschen Raum, beispielsweise an der Schlacht von Seckenheim 1462.

Die Wehrverfassung der Eidgenossen hatten Habsburger und andere durchaus leidvoll erfahren müssen. Man stand aber nicht immer auf der gegnerischen Seite. Es muss beachtet werden, dass innerhalb der großen Heere der Eidgenossen während des Burgunderkrieges auch Kontingente der verbündeten und abhängigen Territorien („zugewandte Orte" und „gemeine Herrschaften") mitfochten. Rund 30% des eidgenössischen bzw. alliierten Heeres in der Schlacht von Grandson bestand aus Kämpfern aus den erwähnten Territorien, die den Großteil der Kavallerie, aber auch einen Teil der Infanterie stellten.[171] Es waren auch 60 Fußknechte aus Nördlingen (unter Feldhauptmann Gabriel Ehringer) in den Reihen der Alliierten vertreten.[172]

Innerhalb der Basler Kontingente gab es während der Burgunderkriege viele Schweizer Söldner, die Basler selber genossen (im Gegensatz zu vielen Elsässer Truppen und anderen Verbänden) die Hochachtung der Schweizer („*aber die statt Basel haby guot lüt*").

Viele Protagonisten des Venezianerkrieges und seiner Vorgeschichte in Tirol waren Veteranen der Burgunderkriege: Friedrich Kappler, Bernhard Gradner, Oswald von Thierstein, Conrad Gächuff und andere.

Der unversöhnliche Antagonismus, mit dem sich Schweizer Reisläufer und Landsknechte gegenüberstanden, war ein Phänomen späterer Tage. In den Reihen der Tiroler Heere fochten anno 1487 viele Schweizer Söldner mit: die Söldner des Ulrich VII. von Hohensax, ebenso die Leute, die Conrad Gächuff im Thurgau und in der alten Eidgenossenschaft geworben hatte. Leute aus Basel waren im Heer vertreten, ebenso Kämpfer aus den Regionen Graubündens, die Aufgebote zu den Verbänden des Gaudenz von Matsch stellten. Letztere kehrten allerdings zusammen mit ihrem Oberbefehlshaber dem Kriegsschauplatz vor der entscheidenden Schlacht von Calliano den Rücken.

Die Beeinflussung umliegender Territorien, insbesondere der Länder der Habsburger, durch die Schweizer Wehrverfassung begann schon vor den Burgunderkriegen. Und es waren nicht erst die Schweizer Instrukteure innerhalb der Truppen Maximilians in Flandern, die dafür sorgten, dass Nicht-Schweizer das Schweizer Modell übernahmen.

Es mag tragisch anmuten, dass ausgerechnet der spätere König/Kaiser Maximilian, der ja nicht nur die Tätigkeit der Schweizer in seinem Heer hoch schätzte, sondern auch den kriegerischen Qualitäten der Eidgenossen insgesamt hohen Respekt zollte, auf wenig Gegenliebe bei der kantonalen Obrigkeiten stieß.[173] Als Kaiser Friedrich III.[174] im März 1488 von dem Abt[175] des Klosters St. Gallen Truppen zu einem Feldzug nach Flandern forderte (Maximilian war von Februar bis Mai 1488 Gefangener flämischer Rebellen in Brügge), wendete sich jener Abt mit der Bitte um Rat an die verbündeten Eidgenossen. Die berieten den Abt, er solle nur das absolute Minimum seiner Lehnsverpflichtung als Reichsfürst senden. Mehr noch als die Abneigung der Eidgenossen gegenüber dem Reichsoberhaupt war es wohl die Praxis der Zahlungen ausländischer Mächte an Schweizer „Pensionsherren", die diese Haltung hervorrief. Hochgestellte Persönlichkeiten der einzelnen eidgenössischen Orte erhielten Zuwendungen (=Bestechungsgelder), die eine bestimmte politische Richtung gewährleisten sollten. Hier waren die Mailänder Herzöge viel geschickter als die Habsburger, besonders erfolgreich agierte aber die französische Krone. Da erließ dann schon mal der eine oder andere eidgenössische Ort oder die Tagsatzung als ganzes ein Verbot, sich von einer bestimmten Konfliktpartei anwerben zu lassen. Die Werbungen in

171 Die verbündeten und abhängigen Territorien brachten folgende Kontingente auf die Beine:

Fribourg:	828 Mann,
Biel:	213 Mann,
Solothurn:	928 Mann,
St.Gallen (Stadt):	131 Mann,
St.Gallen (Abtei):	151 Mann,
Baden:	286 Mann,
Schaffhausen:	106 Mann,
Appenzell:	200 Mann.

Die Verbände der Niederen Vereinigung gliedern sich wie folgt auf:

Basel:	1200 Mann,
Straßburg:	259 Mann,
Colmar:	35 Mann,
Schlettstadt:	26 Mann,
Rottweil:	100 Mann,

die Waldstädte, der Sundgau und die Herrschaften des Schwarzwalds: 1500 Mann.

172 Vgl. Würdinger, Joseph: Kriegsgeschichte von Bayern, Franken, Pfalz und Schwaben, Erster Band, München 1868, S. 130.

173 Am 14. September 1487 hatte König Maximilian noch das Bündnis mit Zürich, Bern, Uri, Unterwalden ob und nid dem Kernwald, Zug mit dem äußern Amt, Freiburg im Uechtland und Solothurn erneuern können.

174 Der galt zeitlebens als Gegner der Eidgenossen, er hatte seinerzeit die Ewige Richtung nicht anerkannt.

175 Abt Ulrich Rösch

der Eidgenossenschaft durch die Habsburger wurden nach einem Zwischenhoch kurz nach den Burgunderkriegen schwieriger.[176] Nichtsdestoweniger kämpften beim ungarischen Feldzug 1490 Schweizer Reisläufer und Landsknechte Seite an Seite. Ein etwas späterer Chronist aus St. Gallen, Watt, berichtet: *„in disem zug sind bey den lanzknechten vil Eidgenossen und auch ettlich uss unser Stat S. Gallen gsin.*“[177]

Natürlich reagierten die Eidgenossen gekränkt, wenn man ihren kriegerischen Stolz herausforderte. Conrad Gächuffs großmäulige Ankündigung, er könne eine Schwaben so gut in der Handhabung der Pike ausbilden, dass der später als Krieger soviel wert sei wie zwei Schweizer, war wohl mehr ein Hinweis auf seine eigenen Fähigkeiten als militärischer Organisator. Die als Herabwürdigung schweizerischen Kriegerethos´ empfundene Rede[178] beschäftige 1486 sogar die eidgenössische Tagsatzung. Trotzdem gelang es ihm, in der Eidgenossenschaft und insbesondere innerhalb der „gemeinen Herrschaft“ Thurgau, Truppen für den Krieg gegen Venedig anzuwerben. Auf dem Tag zu Konstanz beschwerten sich die Eidgenossen über fremde (=oberdeutsche) Kriegsknechte, die sich als Eidgenossen ausgeben, was deren Ruf schädige.[179]

Es kann kaum verwundern, dass im oberdeutschen Raum Versuche unternommen wurden, ein dem Schweizer Fußvolk gleichwertiges Fußvolk zu schaffen. Es blieb allerdings bei dem Versuch, bis unter dem König (und späteren Kaiser) Maximilian die deutschen Landsknechte auftraten.[180]

Es gab um die Mitte des 15. Jahrhunderts nördlich von Hochrhein und Bodensee kleine Bünde von Fußkriegern, die sich nur zu gern bei räuberischen Adligen verdingten.[181] Militärisch waren sie nicht von Bedeutung, sie zeigten aber schon bündische Organisationsformen und Strukturen, die dann später bei den Landsknechten zu beobachten waren. Mehr im Bereich der Sage als in der Realität hinterließ ein Gruppe eidgenössischer Renegaten Eindruck, die sich nach dem „Alten Zürichkrieg“ (1440–1446) auf der Hegauer Burg Hohenkrähen eingenistet hatte. Wohl zu Unrecht wurde jene Truppe mit einer Zürcher Adelsgesellschaft identifiziert, die während des „Alten Zürichkriegs“ eine politisch führende Rolle innegehabt hatte.

Eine 400 Mann starke Truppe Elsässer Fußvolks lief beim Feldzug zur Rückeroberung Lothringens gegen Herzog Karl dem Kühnen 1476 direkt in einen burgundischen Angriff und wurde ohne Mühe zersprengt. Von anderem Kaliber waren da schon die flämischen Spießträger, die zuvor Heeresbestandteil der burgundischen Armee gewesen waren und nun auf der Seite Prinz Maximilians, des frischgebackenen Ehemanns der Maria von Burgund,[182] in den Kampf gegen Frankreich zogen. Maximilian konnte sich auf die Expertise zweier renommierter Heerführer[183] verlassen. Jacques de Romont, Graf von Savoyen, und Graf Engelbert von Nassau, welcher sich gerade erst mit 50.000 Gulden aus der Kriegsgefangenschaft der Stadt Straßburg freigekauft hatte, übernahmen das Kommando über zwei lanzenstarrende Infanteriehaufen, die flankiert von Reiterschwadronen den Franzosen in der Schlacht von Guinegate (am 14. August 1479) entgegentraten. Während die berittenen Ordonnanzkompanien der Franzosen ihre Widersacher in die Flucht schlugen, hielten die sogenannten „Gewalthaufen“ der Infanterie Maximilians ihre Positionen, rückten vor und behaupteten das Schlachtfeld. Danach fiel die Armee aber auseinander. Maximilian, der in der Schlacht von Guinegate[184] am 7. August 1479 in der Funktion eines Spießträgers mitgekämpft hatte (zu Fuß!) gefiel die Idee eines landsmannschaftlich homogenen, von hohen Idealen durchdrungenen und nach Schweizer Muster kämpfenden Fußvolks. Dieses musste erst aber noch geschaffen werden. 1486, in dem Jahr, in dem Maximilian zum römischen König gewählt wurde, hatte er zwei solcher Verbände zusammen. Jeweils 3000 bis 4000 Mann stark und mit Langspießen bewaffnet, wurden sie von ihren Schweizer Instrukteuren zur Einsatzfähigkeit gebracht. Wie einige später aufgestellte Verbände kamen ihre Angehörigen aus Schwaben, dem Elsass und dem Rheinland sowie aus Tirol. Schon in den Burgunderkriegen hatten Kontingente aus diesen Regionen an der Seite der Eidgenossen gefochten. Anfang 1476 hatte beispielsweise Rottweil einige Dutzend Büchsenschützen zur Hilfe Basels geschickt, bei der Schlacht von Murten waren es noch 50 Mann aus Rottweil.

Die distinktiven Erkennungsmerkmale deutscher Landsknechte und Schweizer Reisläufer dienten später als Parteizeichen. Dieser bisweilen tödlich verlaufende Gegensatz existierte noch nicht – jedenfalls nicht in dem für spätere Jahrzehnte charakteristischen Maß. Trotzdem waren einige der erwähnten Merkmale schon auf Schweizer Seite sehr ausgeprägt. Das geschlitzte Kreuz im Wams, das Tragen

176 Noch 1498 rekrutierte Hans Conrad von Rümlang Schweizer Söldner für einen geplanten Feldzug König Maximilians in Burgund gegen Frankreich. Rümlang war Burgherr von Alt-Wülflingen, Bürger von Winterthur und mit einer unehelichen Tochter Erzherzog Siegmunds verheiratet Er sollte sim Schwabenkrieg 1499 am ersten Hegauerzug teilnehmen. 1529 wurde er wegen Urkundenfälschung in Zürich hingerichtet. Vgl. Messner; Ollesch; Seehase und Vaucher: Der Engadiner Krieg, S. 66.

177 Zitiert nach Delbrück, Hans: Geschichte der Kriegskunst im Rahmen der politischen Geschichte, Band 4, Berlin 1920, S. 12.

178 So etwas konnte einen schnell an den Galgen bringen.

179 Vgl. Nell: Die Landsknechte, S. 169.

180 Vgl. Kramer, Daniel Robert: Das Söldnerwesen, Militärisches Unternehmertum in der Genese des internationalen Systems, Wiesbaden 2010, S. 45.

181 1388 gab es in Schwaben einige Haufen freier Fußknechte, die sich den Städten als Söldner verdingten, ein solcher Haufe nannte sich „Freiharst“.

182 Sie war die Erbtochter des Anfang 1477 in der Schlacht von Nancy gefallenen Burgunderherzogs Karl.

183 Beide hatten erst kurz vorher noch im Dienst von Herzog Karl dem Kühnen gestanden.

184 Heute: *Enguinegatte*

Das Halten der Formation erforderte von den Langspießern viel Übung.
Foto: Arma Georgii/Fred Wutz

des Schweizerdolches und das Führen eines Schwertes zu Anderthalb Hand mit schlanker Klinge[185] waren den Eidgenossen schon länger zueigen. Die später eindeutig den Landsknechten zuzuordnenden Erkennungszeichen könnten in dieser frühen Phase noch von den Schweizern inspiriert gewesen sein, bevor man sie später als Unterscheidungsmerkmal modifizierte.[186]

Bei Calliano und bei der Schlacht von Stoke waren also schon Landsknechte vertreten, deren Zahl innerhalb der nächsten Jahre schnell anwachsen sollte. In Rahmen des Venezianerkrieges als ganzem spielten aber feudale Aufgebote und die Milizen der Städte – etwa die von Trient – eine mindestens ebenso wichtige Rolle.[187] Die Infanterie der Städte war nach Gilden und Zünften organisiert. Die Stadtmilizen waren nach den Vierteln geordnet, um Mauerabschnitte und Tore effektiv verteidigen zu können. Jedem Viertel stand ein vom Rat der Stadt ernannter Viertelmeister vor. Dieser Viertelmeister hatte manchmal auch zivile Aufgaben, wie die Feuerwehr und Marktaufsicht etc. Häufig war der Viertelmeister auch Bannerträger (im Sinne eines „Bannerherren"). Dann nannte man ihn im Südwesten (nach Schweizer Vorbild[188]) „Venner". Ihm zur Seite standen andere Offiziere, halbprofessionelle Torwächter, Trompeter und (ab dem Ende des 14. Jahrhunderts) ein Büchsenmeister. Selten wurde die ganze wehrfähige Mannschaft einer Stadt aufgeboten, das geschah eigentlich nur im Falle eines direkten Angriffs auf die Stadtmauern selber. Die Auswahl der zu stellenden Mannschaft oblag den Städten selbst, in den landesherrlichen Dörfern den Pflegern (oder Landrichtern), in einer Grundherrschaft dem Grundherren, der sich oft durch einen seiner Amtsleute vertreten ließ. Eine auf Freibauern gestützte Wehrordnung[189] gab es im süddeutschen Raum nicht, eine kleine Ausnahme war aber der „Hauensteiner Landfahnen" aus dem Südschwarzwald. Allerdings soll diese Truppe relativ schlecht (nur mit Hellebarden) bewaffnet und gerüstet gewesen sein. Für die Zeit der Burgunderkriege wird die Stärke des Landfahnen mit 1000 Mann angegeben. In Tirol, dem Land der später so hochgeachteten Standschützen, ist die Wehrpflicht der Stände seit dem Anfang des 14. Jahrhunderts nachweisbar.[190] Ein wesentliche Voraussetzung dafür war eine größere Zahl freier Bauern. Allerdings waren diese bäuerlichen Aufgebote zunächst nur eine (und nicht die wichtigste) Säule neben Ritterheeren und Söldnerverbänden. Erst das „Tiroler Landlibell" vom 23. Juni 1511 schuf eine auf freie Bauern und Bürger gestützte Wehrverfassung und war einzigartig im ganzen Reich.[191] Kaiser Maximilian legte im Einvernehmen mit den Tiroler Landständen fest, dass die Stände zur Verteidigung des Landes Kriegsdienste zu leisten hatten. Das Landlibell bildete einen Teil der Tiroler Landesverfassung. Zur Abwehr einer Gefahr konnten alle Wehrfähigen vom 18. bis zum 60. Lebensjahr aufgeboten und innerhalb des Landes eingesetzt werden. Jeder Bewohner durfte Waffen tragen (Entstehung des Tiroler Schützenwesens). 1534 bestätigte König Ferdinand I. die Waffenfreiheit der Bauern. Bäuerliche Aufgebote waren nicht notwendigerweise nur mit umgearbeiteten landwirtschaftlichen Gerätschaften wie Hippen, Kriegssensen oder Kriegsflegeln bewaffnet. Allerdings war ihre Bewaffnung in der Regel älter und/oder schlechter als das von semiprofessionellen Söldnern.

Eine Besonderheit waren die Tiroler Bergknappen, die häufig in eigenen Verbänden auftraten. Die 400 „Knappen", die Erzherzog Siegmund an Micheletto Segato schickte, der in den Judikarien kämpfte, könnten Reisige[192] gewesen sein oder tatsächlich Bergknappen.

Eine typische Waffe für das Fußvolk war die Armbrust. Beim Adel war die Armbrust als Jagdwaffe beliebt, in den Städten und auf Burgen war sie die Waffe der Wahl, um die Mauern zu sichern. Jeder Stadt und jedem Fürsten war daran gelegen, tüchtige Leute zur Fertigung dieser Waffen samt des Zubehörs zu gewinnen.[193] Auf Burgen oder in den Befestigungsanlagen der Städte wurden spezielle Spannvorrichtungen vorgehalten, mit denn es möglich war, Armbruste schnell zu spannen. Diese Vorrichtungen waren aber schwer und für den Bewegungskrieg kaum zu gebrauchen.

Auf 100 Meter und darunter war die Wirkung der Armbrust enorm, 1488 wurde Markgraf Albrecht von Baden mit einem Armbrustbolzen durch seine Rüstung in den Hals geschossen. Um das Jahr 1450 war die Armbrust noch eine geschätzte und weitverbrei-

185 Das typische Landsknechtsschwert, der sogenannte „Katzbalger" kam bald auf. Er wurde allerdings gerne auch von den Schweizer Reisläufern (als Beute?) benutzt. Vgl. Bächtiger, Franz: Bemerkungen zum Widersacher des Eidgenossen von 1529, in: Zeitschrift für schweizerische Archäologie und Kunstgeschichte, Band 37, Bern 1980, S. 252–259, hier: S. 253.

186 Das ist aber spekulativ. Landsknechte trugen später Barette mit nach vorn gerichteter Feder, die Schweizer Reisläufer Barette mit nach hinten gerichteter Feder. Zum typischen Gestus eines Landsknechts gehörte die in den Rücken gestemmte rechte Hand, ein Reisläufer stützte die Hand auf die rechte Hüfte auf. Vgl. ebd. S. 253.

187 Dazu konnten auch Söldner gehören, Augsburg unterhielt im Jahre 1449 1200 besoldete Trabanten mit Feuerrohren oder Armbrusten. Vgl. Würdinger: Kriegsgeschichte von Bayern, Franken, Pfalz und Schwaben, S. 374.

188 In Bern beispielsweise stellten die Zünfte der Bäcker, der Schmiede, der Gerber und der Metzger die vier Venner der Stadt.

189 In Friesland war die Situation anders, man denke an den Sieg des Dithmarscher Bauerheeres über das dänische Ritterheer bei Hemmingstedt im Jahre 1500.

190 Vgl. Fiedler: Taktik und Strategie der Landsknechte, S. 106

191 Es gab allerdings Vorläuferentwicklungen: Die ersten beiden zustande gekommenen Tiroler Defensionsordnungen („Zuzugsordnungen") stammen von 1478 und 1479. In Österreich unter der Enns und in der Steiermark gab es bereits seit den 1430er- un den 1440er-Jahren ähnliche Ordnungen.

192 In dem Fall hätten sie zur Reiterei gehört.

193 Die Produzenten der Armbruste selbst nannte man „Armbruster", die Bolzen wurden von den „Pfeilschnitzern" gefertigt, die aus Pelzwerk bestehenden Köcher von den „Kurdaunern".

tete Waffe. Bei der Musterung des Aufgebots des Herzogs Ludwig von Pfalz-Zweibrücken-Veldenz aus dem Jahre 1453 waren nur zwei Leute mit Streitkolben bewaffnet, acht mit Streitäxten, 585 mit Spießen, 352 mit Handrohren (also Feuerwaffen), aber 1016 mit Armbrüsten.[194] Dieses Aufgebot wurde im Elsass bei einem Überfall auf die Stadt Mutzig eingesetzt. Die Bedeutung der Armbrust nahm aber in den nächsten Jahrzehnten ab. Das fränkische Kontingent unter Markgraf Albrecht Achilles von Brandenburg, das am Reichskrieg gegen Burgund 1474–75 teilnahm, bestand aus 600 Reitern und 3000 Fußknechten. Von den letzteren hatten 40% Armbruste und Feuerwaffen, 20% Spieße und 40% Hellebarden oder ähnliches. 1492 waren im bayerischen Vizdomamt Straubing unter insgesamt 1836 Aufgebotenen 551 Büchsenschützen, 950 Hellebardenträger, 144 Leute mit Ahlspießen und nur noch 191 Armbrustschützen. Diese Beispiele sind zwar recht willkürlich herausgegriffen, zeigen aber eine allgemeine Entwicklung. Der Preis einer Armbrust betrug in Augsburg im Jahre 1425 drei Gulden, im Jahre 1459 wurden in Ingolstadt 51 Armbruste mit 115 Gulden, zehn Armbrustwinden mit 14 Gulden, sieben Groschen bezahlt.[195] 1507 erließ König Maximilian[196] eine Order, wonach bei einem beabsichtigten Kriegszuge niemand mehr mit einer Armbrust, stattdessen alle Schützen mit Handbüchsen zu erscheinen hätten.

Die von 1450 bis 1500 verwendeten Handfeuerwaffen lassen sich in zwei Grundtypen einteilen: Feuerrohre und Luntenschlossmusketen. Bei der Verwendung beider Typen waren die Burgunder Vorreiter gewesen.

Das Feuerrohr[197], ein Waffentyp, der durch die berühmte Tannenbergbüchse repräsentiert wird, bestand im Wesentlichen aus einem glattläufigen Rohr mit einem Zündloch an einem Ende. Das Material bestand aus Eisen, Bronze oder Kupferlegierungen. Das Kaliber lag meist zwischen 13 und 22 Millimetern (es gab aber auch monströse Exemplare mit einem Kaliber von bis zu 38 Millimetern), das Rohr war nur wenige Kaliberlängen lang. Oft war am Ende des Rohres eine Stange angeschmiedet, die in einem Handgriff oder einem Knauf auslief; das Rohr konnte aber auch auf einen Holzschaft (meist in der primitiven Form eines runden Stabes) aufgesetzt sein. Da man zum Zünden der Pulverladung mit einer Hand einen glühenden Draht oder eine langsam brennende Lunte an das Zündloch halten musste, blieb zum Halten der Waffe nur eine Hand frei. Also wurde die Waffe zumeist auf eine Gabelstütze aufgelegt bzw. an einer Brüstung eingehakt, dafür war oft am Lauf ein Haken angeschmiedet, der auch den Rückstoß aufnahm (daher „Hakenbüchse"). Die Präzision dieser Feuerrohre war nicht groß, Zielen kaum möglich, von „Treffsicherheit" zu sprechen, verbietet sich in diesem Zusammenhang. Häufig wurden zur besseren Bedienbarkeit der Waffe zwei Schützen eingesetzt, einer hielt die Waffe, einer zündete sie. Trotz der mangelhaften Eigenpräzision blieben Feuerrohre noch in Gebrauch, als die Luntenschlossmuskete auftrat. Seit 1411 war in Italien das Luntenschloss bekannt. An einer S-förmigen Vorrichtung („Serpentine") hing eine Lunte, die vom Schützen durch Bewegung des anderen Endes der Serpentine auf eine Zündpfanne gedrückt wurde. Später bewegte sich die Serpentine durch Federdruck, wenn sie durch Betätigen eines Abzuges gelöst wurde. Dieses Verfahren bewirkte (zusammen mit besseren Pulversorten, die regelmäßiger abbrannten) eine sicherere Zündung und erhöhte die Präzision. Als Faustregel galt, dass das Gewicht der Pulverladung knapp halb soviel zu betragen habe, wie das Gewicht der Bleikugel.[198] Das Schwarzpulver wurde in der Form des staubfeinen Mehlpulvers verwendet. Das nahm leicht Feuchtigkeit auf. Aufgrund der unterschiedlichen Dichte der verschiedenen Komponenten neigte es dazu, sich auf dem Transport zu entmischen. Diese Nachteile hatte gekörntes Pulver nicht, das kam im beschriebenen Zeitraum nur bei den Artilleriegeschützen zur Anwendung, für Handfeuerwaffen wurde es erst ab 1600 verwendet.[199]

Nicht selten wurden Läufe gebündelt und auf Karren montiert, das waren dann aber schon Artilleriewaffen, die von Zugtieren bewegt wurden. Diese sogenannten „Orgelgeschütze" konnten aber beispielsweise bei der Abwehr von Belagerungen eine sinnvolle Rolle spielen.

Der Langbogen wurde in der zweiten Hälfte des 15. Jahrhunderts recht häufig von den Armeen Karls des Kühnen von Burgund eingesetzt. Bei der Belagerung von Lützelstein 1452 wurde Kurfürst Friedrich der Siegreiche durch einen Pfeilschuss ins Bein verwundet, es ist aber nicht ganz klar, ob es sich dabei nicht auch um einen Armbrustbolzen gehandelt haben könnte. Das gleiche gilt für den Tod des berühmt-berüchtigten Hans von Rechberg, der 1464 einem Pfeilschuss eines Bauern erlag.

Ritter spielten immer noch eine große Rolle, und zwar waren sie als Akteure immer noch wichtig. Einzelne Ritter konnten mit ihren privaten Händeln ganze politische Lawinen auslösen, denken wir nur an die Brüder Gradner (die allerdings als Räte Siegmunds von beträchtlichem Einfluss waren). Aber sie wurden durch die wachsende Macht der Landesfürsten

194 Vgl. Würdinger: Kriegsgeschichte von Bayern, Franken, Pfalz und Schwaben, S. 77.

195 Vgl. ebd. S. 338.

196 Erst ab 1508 nannte sich Maximilian „Erwählter Römischer Kaiser", ohne einen Romzug durchgeführt zu haben. Er hatte allerdings die Zustimmung des Papstes (Julius II.). Die Proklamation fand im Dom von Trient statt.

197 Das Feuerrohr wird häufig auch „Stangenbüchse" genannt.

198 Und damit ist schon viel über die Gasdichtigkeit dieser frühen Handfeuerwaffen gesagt.

199 Vgl. Ortenburg: Waffen der Landsknechte, S. 50–51.

Der Langspießer in der Bildmitte trägt ein sogenanntes „Langes Messer" als Zweitwaffe.
Foto: Fred Wutz

allmählich marginalisiert. Dieser Prozess zeigte sich in Tirol ganz deutlich während der Regentschaft von Siegmunds Vater Friedrich.

Adelsburgen spielten eine beachtliche Rolle. Wurde eine Burg als Stützpunkt für militärische Aktionen benutzt, bildete sie einen wichtigen Mosaikstein im Machtgefüge. Wenn Briganten oder auch nur einfache Räuberbanden sich irgendwie in den Besitz einer Burg setzen konnten oder wenn ihnen ein rachedürstender oder geldgieriger Burgherr freiwillig die Tore geöffnet hatte, wuchsen sie sich zu einem echten Problem aus, das galt umso mehr, wenn diese Burg von der Topographie begünstigt wurde (man denke an die Burg von Beseno). Allerdings reichte die Macht eines Landesfürsten, um meist ziemlich schnell ein solches Raubnest einzunehmen. Ritterheere hatten ausgedient, wenngleich das auch viele Ritter nicht wahrhaben wollten. Der Sieg der Straßburger bei Hausbergen im Jahre 1262 hatte schon gezeigt, dass das Fußvolk der Städte eine reelle Siegeschance hatte gegen die ritterlichen Aufgebote des Adels. Im 14. Jahrhundert wurde klar, dass die militärische Dominanz der Ritterheere beendet war. Das zeigten deutlich die Siege der Schweizer und die auf die Langbogenschützen zurückzuführende Erfolge der Engländer im Hundertjährigen Krieg. Trotzdem war die Adelsreiterei, also die Ritter zu Pferde, noch ein wesentlicher Heeresbestandteil. Wenn ein politisch Verantwortlicher, etwa ein Reichsfürst, ein Landvogt etc. sich in dem beschriebenen Zeitraum nicht auf die politisch-strategische Regie beschränkte oder zumindest auf das militärisch-operative Kommandieren, sondern aktiv am Kampfgeschehen teilnahm (und hier stand die ritterliche Konvention im krassen Gegensatz zu den militärischen Erfordernissen), dann in der ritterlichen Tradition als Ritter zu Pferde. Erst der spätere König Maximilian brach mit dieser Tradition, indem er sich in die Reihen der Fußknechte bei Guinegate einreihte.

Aber auch bei der Reiterei traten Veränderungen ein, die nicht nur technischer, sondern auch taktischer Natur waren. Bemerkenswert stabil war die Grundstruktur der Reiterei, hierin unterschieden sich Frankreich, das Heilige Römische Reich (nördlich der Alpen) und Burgund sehr wenig, wenn es auch kleinere Abweichungen gab.

Die kleinste taktische Einheit war die „Lanze", manchmal auch „Glefe" genannt, sowohl Name als auch Struktur stammten noch aus der Zeit der hochmittelalterlichen Feudalheere. Kern und gleichzeitig militärischer Führer einer Lanze war im 15. Jahrhundert der Ritter bzw. Edelknecht, nennen wir ihn „Waffenträger". Er trug einen Harnisch und führte die Reiterlanze, entsprach also durchaus dem Klischeebild eines mittelalterlichen Ritters. Trotzdem musste er keineswegs bereits den Ritterschlag empfangen haben. Er führte zumeist ein Schwert zu anderthalb Hand und ein kürzeres Schwert bzw. ein Hauschwert (etwa den „Malchus"). Weitere Waffen waren eventuell der Streitkolben, der Reiterhammer, der Morgenstern, die auch gegen geharnischte Gegner Wirkung zeigten.

Dazu kam der Page des Waffenträgers, meist ebenfalls aus ritterlicher Familie. Er war weit mehr als ein „Offiziersbursche", denn er erlernte gleichzeitig das Kriegshandwerk. Dann kam ein Degenkämpfer (in Frankreich und Burgund *„coutilier"* oder *„coustillier"* genannt), ein auf Kosten des Lanzenführers ausgerüsteter Knappe, der ebenfalls einen Harnisch trug, mit einem Schwert oder Stoßdegen bewaffnet war und zumeist eine Stangenwaffe (wie die Ochsenzunge, den Ahlspieß o.ä.) einsetzte.

Dazu traten drei berittene Bogen-, Armbrust- oder Feuerwaffenschützen und oft noch drei Krieger zu Fuß.[200]

Es ist klar, dass diese Formation nicht ausschließlich für Kavallerieangriffe mit eingelegter Lanze gedacht war, sondern auch zum Teil infanteristisch eingesetzt wurde und eine relativ große Defensivkraft aufwies. Besonders verbreitet war diese taktische Formation in Frankreich, Burgund, Flandern. Im Reich galt prinzipiell das gleiche, allerdings war hier noch marginal der Einfluss der Ordensritter (also „echten" kasernierten Rittereinheiten) spürbar. Mehrere „Lanzen" bildeten ein „Banner", wobei aus der Anzahl der Lanzen nicht einfach eine Gesamtzahl hochgerechnet werden kann, denn häufig wurde eine Lanze von Freiwilligen diverser (auch zweifelhafter) Natur und Zahl begleitet. Als Kommandeur eines Banners trat der Bannerherr auf, der eigenartigerweise nicht immer ein Ritter sein musste, die berühmteste Ausnahme war der Bretone Bertrand du Guesclin[201], der als Edelknappe Bannerherr wurde. Mehrere „Banner" bildeten einen Schlachthaufen.

In Frankreich legte im Jahre 1445 König Charles VII die „Volle Lanze" (auf französisch *„lance fournie"*) auf den Lanzenführer (meist Ritter), seinen Pagen, einen *coustillier*, zwei berittenen Bogenschützen und einen Knecht fest. Nach diesem Grundmuster waren die zwanzig Ordonnanzkompanien strukturiert, die aus jeweils einhundert Lanzen bestanden. Sie bildeten den Grundstock des neuen, professionellen Heeres in Frankreich. Es gab die „Kompanien der großen Ordonnanz", die bevorzugt wurden, höheres Ansehen genossen und in denen es höheren Sold gab. Die „Kompanien der kleinen Ordonnanz" waren geringer angesehen, aber in der taktischen Struktur gleich. Ihren Kampfwert bewiesen die berittenen Ordonnanzkompanien des französischen Königs in der Schlacht von Guinegatte (August 1479).

Das französische System wurde von dem Herzogtum Burgund kopiert und weiterentwickelt. 1470 begann Karl der Kühne mit der Aufstellung eigener Ordonnanzkompanien. 1473 setzte sich eine burgundische

200 Vgl. Funcken, Fred u. Liliane: Rüstungen und Kriegsgerät im Mittelalter, S. 88.

201 Er stieg zum Connetable Frankreichs auf.

Die Stärke der Reiterei liegt in ihrer großen Mobilität und der enormen Schlagkraft im Angriff.
Dabei wird, wie seit alters her, die Stoßlanze als Hauptwaffe geführt. Mit dem voll entwickelten Plattenharnisch ist der Schild als Schutzwaffe überflüssig geworden. Dieser tirolische Reisige hat seine Lanze beim ersten Anrennen auf eine venezianische Vorhut verloren. Mit dem gezogenen Schwert vor der Brust reitet er nun zurück, um sich zusammen mit seiner Abteilung neu zu formieren.
Foto: Richard J. Kyte

Ordonnanzkompanie aus einhundert Lanzen, mit je einem Lanzenführer, einem Pagen, einem *coustillier*, drei berittenen Bogenschützen und drei Infanteristen zusammen.[202]

Im Reich existierte die alte feudale Heeresordnung in einigen Regionen bis ins 14. Jahrhundert, das galt besonders für den Osten. Der Westen, also auch die Pfalz, übernahm stärker das französische Vorbild. Die Elite der Reiterei wurde manchmal (wohl fälschlich) mit dem Begriff „Renner" bezeichnet, auch das ein Indiz dafür, dass sich militärische Funktion und sozialer Status der Ritter voneinander entfernten. Die Glefe war im Normalfall etwas kleiner als die französische *lance*. Neben dem Ritter war es ein geharnischter Degenkämpfer vergleichbar dem *coustillier*, ein leichter Kavallerist oder berittener Armsbrustschütze, und der Page des Renners.[203] Das System variierte aber ganz erheblich. So zählten im Reich bis zu zehn

202 Vgl. Funcken, Fred u. Liliane: Rüstungen und Kriegsgerät der Ritter und Landsknechte, S. 38.

203 Vgl. Nicolle, David: Medieval Warfare Source Book, Warfare in western Christendom, London 1999, S. 170.

Kämpfer zu einer Glefe, die Zahl lag aber meist darunter, manchmal waren es nur drei Krieger (so im Falle des Herrn Meinhardt „Meinecke" von Schierstädt aus Anhalt, der Kaiser Karl IV. im Jahre 1373 einhundert Glefen zuführte).

Die im Reich verbreiteten Städtebünde heuerten Elitekavallerieverbände an, die sich bisweilen „Knechte der Freiheit" nannten. Nach diesem Vorbild entstanden die Ritterbünde[204], die gerade im Südwesten Deutschlands verbreitet waren. In Schwaben war der Ritterbund Sankt Jörgenschild von großer Bedeutung, der als Reaktion auf die Appenzeller Kriege gegründet worden war. In Tirol war eine solcher Ritterbund, der „Elefantenbund" nur kurzeitig am Anfang des 15. Jahrhunderts bedeutsam. Nach einem kurzen kriegerischen Konflikt mit den Appenzellern (1405), die über den Arlberg bis Imst vorgedrungen waren, und weiterhin infolge von Streitigkeiten zwischen den herzoglichen Brüdern Leopold IV. und Ernst dem Eisernen, vereinigten sich am 23. August 1406 21 Ritter in Nord- und Südtirol zu einem Adelsbund, um ihre Standesrechte sowohl gegen den Tiroler Landesfürsten Herzog Friedrich IV., als auch gegen den Landeshauptmann Heinrich VI. von Rottenburg zu verteidigen. Der Bund bestand bis zum 23. März 1407. Er wurde vom „Falkenbund" abgelöst, der bis zum Jahre 1411 bestand. Dieser Falkenbund, angeführt ausgerechnet von Heinrich VI. von Rottenburg, bereitete dem Landesfürsten einige Schwierigkeiten. Herzog Friedrich IV., gegen den sowohl Elefanten- wie auch Falkenbund gerichtet waren, handelte politisch sehr klug, als er am 24. März 1408 selbst dem Bund beitrat.[205] Militärische Bedeutung wie etwa der Sankt Jörgenschild in Schwaben erreichten die Tiroler Ritterbünde nicht.

In den Quellen tauchen die Ritter zumeist als „*milites*" auf, die Edelknechte als „*armiger*", die Reisigen oft als „*ecuyer*", manchmal auch als „*Renner*".

Die reicheren Bürger größerer Städte, etwa Speyer, Worms oder Straßburg, dienten als Kavalleristen. Die Adelsreiterei (in Glefen organisiert) machte einen nicht unbeträchtlichen Anteil an der Kampfkraft der Reichsstädte aus, häufig ergänzten angeworbene Söldner[206] die Reiterei. Spätestens seit dem ausgehenden 14. Jahrhundert spielten Freischaren bei der militärischen Macht der südwestdeutschen Territorien eine beachtliche Rolle, man nannte sie im Elsass und der Schweiz beispielsweise „Blutharste". Zurück noch mal zur Reiterei als Truppengattung. Deren Kern waren immer noch die gepanzerten Ritter etc. Die Rüstungen waren meist deutsche oder italienische Modelle, wobei die ersteren ihren Trägern durch kunstvoll überlappende Bauweise mehr Beweglichkeit ermöglichten als die starreren italienischen Modelle. Ein guter maßangefertigter Harnisch für einen Krieger von einer Körpergröße von 1,60 m wog ca. 25. Kilogramm.[207] Ein Pferd ist in der Lage, ungefähr ein Viertel seines eigenen Gewichtes zu tragen. Ein Kavalleriepferd zu Anfang des 20. Jahrhunderts beispielsweise wog rund 450 kg. Bei der deutschen und bei der britischen Kavallerie zu Beginn des Ersten Weltkriegs betrug das Gewicht, das ein Kavalleriepferd zu tragen hatte, rund 125 kg oder etwas mehr. Nimmt man für Harnisch, Helm und Waffen rund 30 kg an, für Reiter und Sattel insgesamt 80 kg, so ergeben sich 110 kg, zu denen dann eventuell noch das Gewicht eines Rossharnisches kam.[208]

Ein berittener Krieger bekam um die Mitte des 15. Jahrhunderts einen wöchentlichen Sold von einem rheinischen Gulden, Anfang des 16. Jahrhunderts waren es normalerweise zwei rheinische Gulden, Fußsoldaten bekamen in der Regel die Hälfte.

Das Kommando über die Reiterei führte der Marschall. Das war in der Regel ein erbliches (und hochangesehnes) Amt, das auch mit nicht unbeträchtlichen Einkünften verbunden war. Erbmarschälle des Reiches waren im untersuchten Zeitraum die Grafen von Pappenheim. Wie erwähnt, war Alexander von Pappenheim im bayerischen Kontingent des Tiroler Heeres. Den Marschällen oblag die Führung und der Schutz des großen Banners, des sogenannten „Hauptpaniers".

Zum Heeresdienst verpflichtet waren Vasallen eines Fürsten im Rahmen der feudalen Ordnung. Im beschriebenen Zeitraum war in Tirol die alte Lehnsordnung durch die Verwaltung in den Dienst aufgenommener Richter und Pfleger ergänzt und ersetzt worden.

Mit der Übernahme eines Hofamtes an einem Fürstenhof war in der Regel die Verpflichtung verbunden, dem jeweiligen Fürsten Reisige, also ausgerüstete Reiter, zu stellen. Neben den in eigentlichen Hofämtern tätigen Personen hatten auch die fürstlichen Räte, Mautner, Zöllner, Rent- und Forstmeister[209] Reisige und Pferde zum Heeresdienst zu stellen. Zum Hofgesinde zählten auch die „Diener von Haus aus". Mit ihnen schloss der Fürst Verträge, die sie im Notfalle zur Unterstützung verpflichteten. Diese Praxis war vor allem in den bayerischen Herzogtümern verbreitet.

Als Reisige wurden die schon erwähnten berittenen Degenkämpfer angesehen, als auch leichte Lanzen-

204 Treffender und historisch genauer – aber weniger bekannt – ist eigentlich die Bezeichnung „Adelsgesellschaften".

205 Zum Falkenbund gehörten 126 Mitglieder, die prominentesten Namen des Tiroler Adels waren vertreten: Wolkenstein, Brandis, Matsch, Starkenberg, Firmian, Schrofenstein, Frundsberg und weitere.

206 Es sind Dokumente erhalten, die die Modalitäten eines solchen Soldvertrages erhellen. So erhielt ein Ritter (samt drei berittenen Knechten) in den Diensten der Stadt Straßburg in der Zeit Kaiser Karls IV. einen Monatssold von 30 rheinischen Gulden. Vgl. Ortenburg: Waffen der Landsknechte, S. 21.

207 Vgl. Funcken, Fred u. Liliane: Rüstungen und Kriegsgerät im Mittelalter, München 1979, S. 138. Zu einer gotischen Rüstung gehörte häufig als Helm eine sogenannte „Schaller".

208 Vgl. Embleton, Gerry u. Howe, John: Söldnerleben im Mittelalter, Stuttgart 1996, S. 41.

209 Früher bezeichnete man die eben genannte Personengruppe oft zusammenfassend als „Hofgesinde".

reiter. Auch berittene Armbrustschützen (später auch Feuerrohrschützen) zählten dazu. Eine ihrer Hauptaufgaben war das Plänkeln („*Harzeliren*") vor dem Zusammenstoß der schweren Reiterei. Von den berittenen Armbrustschützen wurde deshalb erwartet, dass sie ihre Waffen abgesessen und auch aufgesessen einsetzen konnten. Deshalb konnte kein Spannmechanismus eingesetzt werden, der die Koordination von Händen und Füßen verlangte. Die Armbrüste der berittenen Armbrustschützen hatten in der Regel weniger Spannkraft (und damit Reichweite und Durchschlagskraft) als die der Armbrustschützen zu Fuß.

Zur Zeit des Venezianerkrieges hätte sich wohl kaum jemand die spätere große Bedeutung des Innsbrucker Zeughauses vorstellen können.[210] Das maximilianische Geschützwesen mit seinem feldzugsentscheidenden Artillerieeinsatz und der Vereinheitlichung der Kaliber war noch Zukunftsmusik. Aber in den älteren Darstellungen des Venezianerkriegs ist fast unisono von der artilleristischen Überlegenheit der Tiroler die Rede. Anfang des 15. Jahrhunderts entstanden in Tirol die Grundlagen einer Geschützproduktion. Der Holzreichtum des Landes, Ausnutzung von Wasserkraft, Kupfer- und Silberbergbau waren beste Voraussetzungen dafür.[211] Auch in den (wirtschaftlich recht weit entwickelten) Vorlanden wurde Artillerie hergestellt. Zur Artillerie zählte man Feuerwaffen, die nicht von einem einzigen Mann bedient werden konnten.[212] Gerade im 16. und 17. Jahrhundert entwickelten sich Handfeuerwaffen und Artilleriegeschütze hinsichtlich Kaliber, Rohrlänge und –gewicht in entgegengesetzte Richtungen. Im 15. Jahrhundert gab es aber noch viele sehr große Handfeuerwaffen, die eigentlich zur Artillerie gezählt werden müssten. So waren die „*crapadeaux*" kleine Geschütze, die zu der Zeit in Frankreich und Burgund sehr verbreitet waren.[213] Auch die eigentlich schon veralteten „*couleuvrines*", von zwei Mann zu bedienen und entweder auf großen Gabelstützen aufgelegt oder auf Wagen montiert, waren noch in großer Zahl vorhanden. Diese *couleuvrines* stellten die größere Variante des zu den *coulevrines á main* zu zählenden Feuerrohres dar.

Im Arsenal des Burgunderherzogs Karl hatte es noch viele dieser Geschütztypen zweifelhaften Kampfwertes gegeben und viele waren als Beute in die Hände seiner Gegner gelangt. An den Realitäten orientierte Kommandeure wie Kappler und Sanseverino erkannten den Nutzen (oder Nichtnutzen) veralteten Geschützmaterials, aber auf Burgen oder im Arsenal von Städten waren altertümliche Feuerwaffen häufig.

Feldgeschütz in Position, es handelt sich um einen Kammerlader, bei dem humpenartige Ladekammern hinter dem Geschützrohr eingesetzt wurden.
Foto: Anja Hiebinger

210 1503 beherbergte das Zeughaus etwa 150 Geschütze.

211 Vgl. Fiedler: Taktik und Strategie der Landsknechte, S. 130.

212 Vgl. Ortenburg: Waffen der Landsknechte, S. 63–64.

213 Vgl. Smith, Robert Douglas und DeVries, Kelly: Medieval Weapons: An Illustrated History of Their Impact, Santa Barbara u.a. 2007, S. 294.

Der Besitz von großen Geschützen war so sehr eine Frage des Prestiges, dass man sie oft über ihre eigentliche Zeit hinaus beibehielt.[214]

Von einem Geschütz, das definitiv einem Arsenal aus den Habsburger Vorlanden zugerechnet werden kann, ist während der Burgunderkriege die Rede. Dabei handelt es sich um das „Kätherlein“ aus dem elsässischen Ensisheim, das bei der Belagerung Blamonts eine Rolle spielte.

Die Feldartillerie hatte im 15. Jahrhundert große Fortschritte gemacht. Obwohl das experimentierfreudige Zeitalter eine unüberschaubare Vielzahl an Geschütztypen hervorgebracht hatte, kam erst durch die Burgunderkriege eine gewisse (aber nicht vollständige) Vereinheitlichung zustande. Burgund war führend bei der Artillerie, durch die Niederlagen Karls des Kühnen gerieten so viele Geschütze als Beute in die Hände der Schweizer, der Lothringer, der Elsässer und Tiroler, dass die burgundischen Typen als Maß gelten konnten. Zu den verbreitetsten Typen gehörten die *Serpentinen* mit einem Kaliber von 50mm bis 150mm und die *Veuglaires* mit einem Kaliber von 50mm bis 250mm. Vielfach waren die Geschütze als Hinterlader ausgeführt, sie besaßen eine Ladekammer (die einem großen Bierhumpen glich), die fertig geladen hinter dem Rohr verkeilt wurde. Damit war eine Schussfolge von zwei bis drei Schuss in der Minute möglich, allerdings ging beim Feuern ein großer Teil des Gasdrucks verloren.[215] Feldartillerie wurde im Stabringverfahren (weiter unten beschrieben) oder im Bronzegussverfahren hergestellt. Im Museum von La Neuveville werden Geschütze aus der Burgunderbeute aufbewahrt. Ein schmiedeeisernes Feldgeschütz hat bei einer Gesamtlänge von 3,60 m eine Rohrlänge von 1,58 m und ein Kaliber von 75mm. Es gehört zu den Serpentinen.[216] Die in den Aufzeichnungen häufig erwähnten „Tarrasbüchsen“ sind kaum einzuordnen.

Für größere Geschütze konnten die althergebrachten Verfahren des Bronzegusses nicht genügen, weil die relativ großen Pulverladungen einen zu hohen Druck im Rohr aufgebaut hätten, der zum Zerbersten des Rohres hätte führen können. Deshalb wurden große (Belagerungs-)Geschütze (man nannte sie auch „Bombarden“[217]) als sogenannten „Stabringgeschütze“ ausgeführt. Die Geschütze dieses Typs bestanden aus rechteckigen oder trapezoiden geschmiedeten Eisenstäben (von hoher Materialqualität), die im Kreis gelegt wurden und auf die glühende eiserne Ringe aufgezogen wurden, die beim Erkalten die Eisenstäbe an ihrer Position hielten. Der Schmied erstellte einen Holzkern radial zur Rohrseele, um den er die Eisenstäbe anordnete, auf die dann die glü-

214 Vgl. Turnbull, Stephen: The Art of Renaissance Warfare, From the Fall of Constantinople to the Thirty Years War, Barnsley 2006, S. 42.

215 Embleton u. Howe: Söldnerleben im Mittelalter, S. 70–71.

216 Vgl. Reid, William: Buch der Waffen, Von der Steinzeit bis zur Gegenwart, Düsseldorf u. Wien o.J., S. 79.

217 Solche Geschütze wurden ab 1370 hergestellt.

Drei Artilleristen besprechen sich zur Aufstellung ihrer Büchsen und zeichnen eine behelfsmäßige Skizze in den Boden.
Das daneben stehende Feldgeschütz ist eine sogenannte Kammerbüchse, die über austauschbare Pulverkammern verfügt. Eine geübte Mannschaft vermag damit in rascher Folge einen kontinuierlichen Beschuss aus Vollkugeln oder Hagelladungen abzugeben.
Foto: Condottieri Mauriziani

henden Ringe aufgezogen wurden (nicht unähnlich der Dauben- und Reifenbauweise bei Fässern). Im 15. Jahrhundert wurde eine Reihe großkalibriger Stabringgeschütze hergestellt: die Faule Magd (im Dresdener Militärmuseum erhalten), die Dulle Griet (in Gent erhalten), Mons Meg (steht auf Edinburgh Castle). Das Bronzegussverfahren hatte allerdings in den letzten Jahrzehnten vor dem Venezianerkrieg erhebliche Fortschritte gemacht.

Die im Bronzegussverfahren hergestellten Geschütze „Faule Mette" von Braunschweig und „Faule Grete" von Marienburg waren noch größer als die eisernen Stabringgeschütze (sind aber leider nicht mehr erhalten). Verschossen wurde aus diesen Bombarden, sofern sie im Stabringverfahren gefertigt wurden, neben „Hagel" (also schrotartigen Geschossen) ausschließlich steinerne Kugeln, weil der bei Eisenkugeln auftretende Gasdruck die Rohre unweigerlich gesprengt hätte. Die großen Belagerungsgeschütze waren fast ausschließlich Legstücke, das heißt, die Geschütze wurden auf speziellen Wagen transportiert, der Abschuss erfolgte aber von einer festen Bettung mit Balkenwiderlager oder ähnlichem aus.

Kleinere Geschütze wurden auch schon im Eisengussverfahren hergestellt.

Zu den Geschützen gehörte natürlich auch die entsprechende Munition. Aus der Feld- und Belagerungsartillerie wurde im besagten Zeitraum in dieser Region fast ausnahmslos mit Sandsteinkugeln geschossen. Zur Abdichtung der Pulverladung gegen die Steinkugeln wurden Holzscheiben aus Ulmenholz verwendet. Im Gegensatz zu den Handfeuerwaffen fand bei den Artilleriegeschützen schon gekörntes Pulver Anwendung, „Mehlpulver" wurde aber als Anzündladung verwendet. In den 1470er-Jahren wurden in Straßburg speziell auf den stadtseitigen freien Räumen hinter den Stadtmauern Lindenbäume angepflanzt, die zur Holzkohlegewinnung (zur Pulverherstellung) vorgesehen waren.[218]

Die Pulvergeschütze hatten tatsächlich die Wurfgeschütze, Katapulte und Bliden, noch nicht vollständig verdrängt.

Bei der Belagerung der elsässischen Burg Wasselnheim 1448 durch Straßburger Truppen warfen diese mit einer Wurfmaschine Fäkalien („Ulmer Grün") in die Burg.[219] Noch 1504 setzten kurpfälzische Truppen bei der Belagerung der Burg Altwolfstein eine Blide ein.

Zur Bewegung größerer Geschütze, ob Pulvergeschütze oder Katapulte, waren Zugtiere, oft in größerer Zahl, vonnöten. Das konnten stärkere Pferderassen (nicht unähnlich unseren heutigen Kaltblütern) oder Ochsen sein. Ein Heer im ausgehenden 15. Jahrhundert wurde von einem ansehnlichen Tross begleitet, der eine Reihe von Zugtieren und einige Spezialisten (Handwerker) erforderte.[220] 20 Pferde waren nötig, um die im Juni/Juli 1399 bei der Belagerung der Burg Tannenberg (an der Bergstraße) eingesetzte Steinbüchse „Frankfurter Geschütz" zu bewegen. 21 Tage lang beschoss dieses monströse Geschütz mit schweren Steinkugeln die Burg, bis eine Bresche in die fast drei Meter starke Ringmauer geschlagen war. Dabei wurden fast 400 kg Schwarzpulver verbraucht.[221]

Zurück zum Tross: um die Mitte des 15. Jahrhunderts wurde ein Heer von vielen Wagen begleitet, von denen ein großer Teil Proviant transportierte. Es gab aber auch Wagen, die zur Verteidigung einer Wagenburg dienten und Kombinationen von Proviant- und Kriegswagen. Letztere hatten unter dem Eindruck der Hussitenkriege weite Verbreitung im deutschsprachigen Raum gefunden. Über die Ausstattung etc. solcher Wagen geben zwei Handbücher Auskunft, das erste stammt aus der Zeit der Hussitenkriege (also um 1425) das zweite vom Markgrafen Albrecht Achilles von Brandenburg (um 1460).[222] In dem ersten Werk wird u.a. ein Kriegswagen beschrieben: er solle fünfspännig sein und eine Besatzung von 21 (!) Mann haben. Darunter waren fünf Reiter (mit Harnisch) für die Zugpferde, vier Büchsenschützen, vier Armbrustschützen, Spezialisten wie Schmied, Wagner usw. Fünf solcher Wagen bildeten ein Glied, fünf Glieder einen Bund, vier Bünde dann eine Schickung (d.h. hundert Streitwagen). Zu jeder Schickung gehörten auch einhundert Proviantwagen („Speiswagen"). Mit den auf den Kriegswagen mitgeführten Ketten und kurzen Palisaden ließ sich eine gut befestigte Wagenburg errichten. Da einige Wagen Geschütze kleineren Kalibers mitführten, zum Teil auf Zapfenlafetten drehbar gelagert,[223] war die Abwehrkraft einer Wagenburg beträchtlich.

218 Krieg von Hochfelden, Georg Heinrich: Geschichte der Militär-Architektur in Deutschland, Stuttgart 1859, S. 270.

219 „Meister Graßeck warf mit seiner Schleudermaschine hundertneunundachzig Mal Koth und Steine ins Schloß." Strobel, Adam Walther: Vaterländische Geschichte des Elsasses, S. 228.

220 Vgl. Anhang V.

221 Vgl. Lachmann u.a.: eyn rohr aus eisern stangen, Zur Geschichte des Stabringgeschützes „Faule Magd", Dresden o.J. S. 18.

222 Vgl. Würdinger: Kriegsgeschichte, II. Band, S. 378–379.

223 Ähnlich den Drehbassen auf Kriegsschiffen.

Reiter im Plattenharnisch ▶
Foto: Condottieri Mauriziani

Die Heeresmacht der Venezianer

Im beschriebenen Zeitraum war der außeritalienische Landbesitz der Republik Venedig größer als der italienische. Die Streitkräfte, die Venedig zur Erhaltung seines See- und Landimperiums außerhalb Italiens (also im Kern im östlichen Mittelmeer) unterhielt, waren anders strukturiert als die, die bei den Kämpfen gegen die italienischen Nachbarn eingesetzt wurden. Letztere unterschieden sich nicht wesentlich von denen anderer italienischer Staaten.

Als sich Venedig im Laufe des 14. Jahrhunderts zur Großmacht entwickelte, bestand in Venedig (wie anderswo in Italien) eine „Lanze" aus dem Reiter, zwei Pagen und drei leichtbewaffneten Berittenen. Die Notwendigkeit, in Griechenland, an der dalmatinischen Küste und andernorts kämpfen zu müssen, führten dazu, dass ein altes Gesetz aufgegeben wurde, demzufolge ein venezianischer Edelmann nicht mehr als 25 bewaffnete Gefolgsleute kommandieren durfte.[224] Dieses Gesetz stammte aus dem 12. Jahrhundert und dürfte vor dem Hintergrund bestehender Befürchtungen bezüglich bewaffneter Fraktionskämpfe innerhalb der Stadt entstanden sein.

Die Gouverneure der Kolonien verfügten über Einheiten, deren Zahl strikt festgelegt war. Eine solche *bandiera* wurde von einem *comestabilis* befehligt und verfügte über 20 Fußsoldaten und 15 bis 18 Reiter. Dazu kamen im Falle der wichtigsten Kolonie Kreta die Bewohner der feudalen venezianischen Besitztümer im Norden der Insel, die man zum Heeresdienst aufbieten konnte. Im unwegsamen und weitestgehend sich selbst überlassenen Süden der Insel lebten die griechischen *Sfakioten*. Wenn sie sich nicht gerade in offener Rebellion befanden, konnte man sie als Söldner anwerben. Sie waren sehr geschickte Fußbogner.[225]

Es sollte sehr lange dauern, bis die Venezianer die Osmanen als ihre Hauptgegner ansahen. Nur so ist zu verstehen, dass die Lagunenrepublik sich in so viele inneritalienische Konflikte verstrickte.

Nach einem Aufstandsversuch im Jahre 1310 und der nachfolgenden Einrichtung des „Rats der Zehn" etablierte man in Venedig eine kleine stehende Truppe von 630 Soldaten zum Schutz der Republik. 100 patrouillierten mit kleinen Booten in der Lagune und den Kanälen, 30 bewachten den Dogenpalast und 200[226] sorgten für den Schutz des Markusplatzes. Jeweils zehn waren für die Sicherheit eines Gemeindebezirks (*contrada*) zuständе, von denen es dreißig gab.

Waffen und Rüstungen des Großteils dieser Truppe wurde im Arsenal des Palastes aufbewahrt, der Rat der Zehn war für die Waffen zuständig, die deshalb auch die Inschrift „CX" trugen. Der Rat der Zehn war auch für das sehr leistungsfähige Spionagenetz der Venezianer verantwortlich.[227]

Zusätzlich unterhielt jedes der Stadtviertel eine Miliz von 1500 Mann für den Notfall. Dann hatte sich die Hälfte davon auf dem Markusplatz einzufinden, die andere Hälfte beschützte das eigene Viertel. Venedig hatte die an Zahl größte Stadtmiliz aller italienischen Staaten, ein Zensus von 1356 besagte, dass die Stadt auf den Waffendienst von 40.100 wehrfähigen Männern zwischen 20 und 60 Jahren zählen konnte. Die Miliz war in *duodene*, Zwölfergruppen, organisiert. Ein Mann daraus wurde per Los zum aktiven Dienst bestimmt, die anderen trugen aber ebenfalls die Kosten. Sollte der Bedarf entstehen, konnte man einen zweiten Mann, notfalls auch einen dritten per Los bestimmen. Manchmal wurden gleich von Anfang an drei Leute per Losentscheid bestimmt, so in den Kriegen gegen Genua 1350 und 1378. die Dauer des Waffendienstes legte der Rat der Zehn fest, es gibt Beispiele, bei denen es ein ganzes Jahr dauerte, bis die Krieger heimkehren konnten. Diese Organisationsform der Stadtmiliz bestand bis gegen Ende des 15. Jahrhunderts. Viele ihrer Angehörigen wurden in die Reihen der *provisionati*, professioneller Söldnerinfanterie, übernommen. Die Milizen der Festlandbesitzungen Venedigs (*terraferma*) bildeten die nur kurzzeitig bestehenden *provisionati di San Marco*. Jede größere Stadt der *terraferma* sollte 500 Mann dafür aufbringen, 1477 kamen zwischen 15.000 und 20.000 Mann zusammen. Begleiteten diese Milizen die Feldarmeen der Venezianer (meist aus Söldnern bestehend), wurden sie häufig zu Schanzarbeiten herangezogen. In der Zeit bis 1440 wurden aus der Miliz auch kleine Verbände von Armbrustschützen gebildet, meist 100 bis 300 Mann stark, manchmal auch bis zu 800. Organisiert waren diese Armbrustschützen in Trupps von 25 Mann, jeweils kommandiert von einem Edelmann.[228] Das Schießen mit der Armbrust

224 Vgl. Nicolle, David: Medieval Warfare Source Book; Warfare in Western Christendom, London 1999, S. 173.

225 Vgl. ebd. S. 173.

226 Sie wurden von den Viertelmeistern jedes der sechs Stadtviertel (*sestieri*) ausgewählt.

227 Vgl. Heath, Ian: Armies of the Middle Ages, Volume 2 (The Ottoman Empire, Eastern Europe and the Near East, 1300–1500), Worthing 1984, S. 31.

228 Vgl. ebd. S. 31.

Die Ausrüstung dieser beiden Kriegsleute eignet ▶ sich hervorragend für einen raschen Überfall, um beispielsweise eine Burg oder eine Stadt im Handstreich zu nehmen. Beide tragen nur wenig Panzerung. Ihre aufwendig bemalten Schilde, sogenannte Tartschen oder Pavesen, zeigen den Markuslöwen – das Symbol der Republik Venedig. Zusammen mit ihren Schwertern sind sie gut zum Kampf in engen Gassen zu gebrauchen. Foto: Città del Grifo

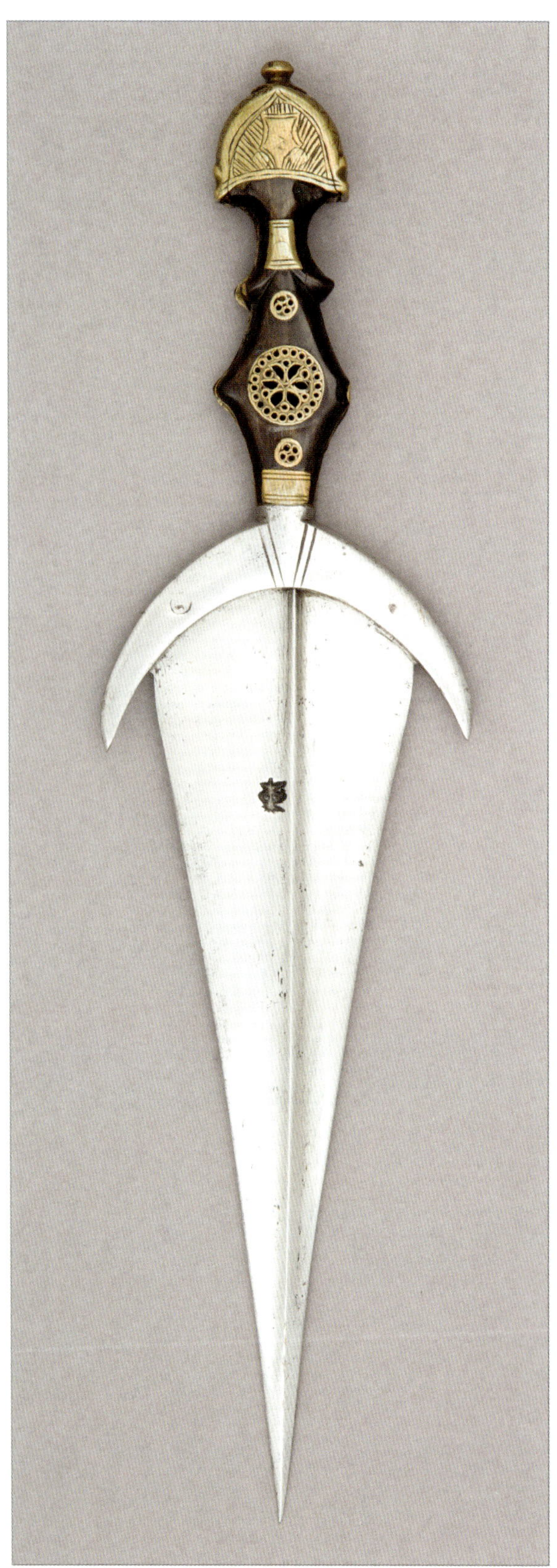

Eine Cinquedea (um 1500),
Foto: Metropolitan Museum of Art
CC0 1.0 Universal (CC0 1.0)
Public Domain Dedication

war in Venedig sehr populär,[229] später traten häufig auch Bogenschützen an die Stelle der Armbrustschützen. Verwendet wurden Reflexbogen orientalischen Typs. Beliebt war bei den Milizionären auch die *cinquedea*, (auch *cinqueda* im Deutschen als „Ochsenzunge“ bezeichnet), das war eine spätmittelalterliche Blankwaffe mit überbreiter Klinge. Sie wurde in Norditalien entwickelt und hatte eine Gesamtlänge zwischen 35 und 50 Zentimetern.[230]

Im 14. Jahrhundert besaß Venedig abgesehen von dieser Miliz immer wenige eigene Landtruppen. Die Republik verließ sich auf Verbündete und Söldner. 1404 heuerte Venedig eine Armee von 9000 Reitern und 10.000 Fußsoldaten an. Ein erster Versuch, eine stehende Reitertruppe zu schaffen (250 Mann im Jahre 1402) war nur kurzlebig, 1406 stimmte der Senat zu, eine permanente Truppe von 500 Lanzen[231] (und einigen Infanteristen) zu schaffen. Taddeo dal Verme wurde zu ihrem Generalkapitän ernannt, er brachte seine eigene *condotta* von 100 Lanzen und 100 Fußsoldaten mit. 800 bis 900 Lanzen wurden nach einem Feldzug gegen die Ungarn 1413 in den permanenten Dienst übernommen, 1422 war ihre Zahl auf 400 gesunken, um auf 3000 im Jahre 1426 zu steigen.

Die venezianischen Armeen beliefen sich in Kriegszeiten dieser Epoche auf 20.000 bis 30.000 Mann, zwei Drittel davon stellten normalerweise die *condottieri*. So gab es beispielsweise 1432 eine Armee von 12.000 Mann Soldkavallerie, 9000 Mann Soldinfanterie und 11.000 Stadtmilizen. Es ist die Tendenz zu erkennen, dass Venedig nach jedem Kriegszug einen steigenden Anteil der Söldnertruppen im permanenten Dienst behielt, während der Rest der Armee entlassen wurde. So waren es 1433 5000 Reiter und 2000 Fußsoldaten, im Jahre 1454 waren es 6000 Rei-

229 Im Jahre 1314 wurden im Arsenal 1131 Armbruste aufbewahrt. Die im 15. Jahrhundert gegründete Compagni della Calza war eine populäre Schützengilde. Vgl. dazu Nicolle, David u. Rothero, Christopher: The Venetian Empire 1200–1670, Oxford 2004, S. 9.

230 Vgl. Oakeshott, Ewart: The Sword in the Age of Chivalry, Woodbridge 1964, S. 78.

231 Eine Lanze bestand in Venedig bis zur Mitte des 15. Jahrhunderts aus drei Reitern.

Neben den herkömmlichen Hornbögen ▶ für Armbruste sind in der zweiten Hälfte des 15. Jahrhunderts auch stählerne Bögen keine Seltenheit mehr. Dieser Schütze trägt eine abgesteppte Jacke aus mehreren Lagen festem Leinen – eine gute und preiswerte Alternative zum metallenen Körperschutz. Sein Helm ist mit Stoff bezogen, was einerseits einen dekorativen Zweck erfüllt, andererseits aber auch ein allzu schnelles Aufheizen des Metalls durch die Sonne verhindert.
Foto: Condottieri Mauriziani

Eine beim italienischen Fußvolk sehr beliebte Stangenwaffe ist die Roncone, eine spezielle Form der Glefe.
Sie verfügt zumeist über eine lange, schlanke Spitze in Kombination mit einem scharfen abwärts gebogenen Haken. Als Kopfschutz sind besonders offene Helme wie Eisenhüte oder Hirnhauben beliebt, da sie Sicht und Atmung nicht beeinträchtigen. Der Fußknecht in der Bildmitte trägt indes eine Schaller mit aufschlächtigem Visier, wie sie auch die Reiterei verwendet.
Foto: Città del Grifo

ter und 2000 Fußsoldaten, anno 1480[232] 6000 Reiter und 3000 Fußsoldaten, und 1485 waren es 6500 bis 7000 Reiter.

In der ersten Hälfte des 15. Jahrhunderts bestand ein großer Teil der stehenden Reitertruppe aus *lanze spezzate*, Reiter von Söldnereinheiten, die nach dem Tod oder dem Rückzug aus dem Dienst ihrer *condottieri* in den permanenten Dienst der Republik übernommen wurden.[233] 1420 gab es 400 *lanze spezzate*, 1470 wesentlich mehr. Ab diesem Zeitpunkt wurden sie häufig von Venezianern kommandiert, bis zum Beginn des 16. Jahrhunderts verschwanden sie dann fast vollständig.

Ein kurzer Blick auf die Condottieri als Phänomen ist an dieser Stelle sinnvoll.[234]

Der Begriff „Condottiere", in der Mehrzahl „Condottieri", stammt aus dem Italienischen und bezeichnet den Anführer einer militärischen Einheit im Spätmittelalter. Dieser Söldnerführer stellte auf eigene Kosten eine Kompanie von Kämpfern („*compagnia di ventura*") auf, stattete sie mit Waffen und Rüstungen aus und sorgte für ihre Ausbildung. Dieses Gesamtpaket einer schlagkräftigen militärischen Einheit bot er nun einem der zahlreichen italienischen Stadtstaaten an, die stets nach Soldaten bedurften. Die Einzelheiten dieses Abkommens schrieb man in einem Vertrag, der „*condotta*"[235], nieder, daher der Name „*condottiere*". Bis zur Mitte des 15. Jahrhunderts war es selten, dass ein Condottiere nach Ablauf seiner Dienstverpflichtung eine neue bei dem selben Dienstherren einging, ab 1450 wurde diese Praxis dann relativ häufig. Nicht selten geschah es, dass eine *condotta di aspetto* abgeschlossen wurde, ein Condottiere bezog ein Drittel oder die Hälfte des Geldes dafür, dass er seine Leute für den Kriegsdienst bereit hielt. Zog er dann tatsächlich in den Kampf, bekam er den Rest des Geldes. Meist erhielten Condottieri einen Vorschuss auf ihren Sold (*imprestanze*). Wenn ein Condottiere per Vertrag in den Sold einer italienischen Stadtrepublik oder eines Fürstentums trat, bestand sein Soldverband in der Regel schon. Oft hatte der Condottiere selbst nachgeordnete Condottieri mit ihren Leuten aufgrund ähnlicher Soldverträge in den Dienst genommen. Als beispielsweise im Jahre 1441 Micheletto Attendolo[236]

232 Das war ein Jahr, in dem schon 8000 Reiter zeitweilig unter Kontrakt standen

233 So geschehen mit den Kompanien von Roberto da Montalbodo, Gattamelatta und Bartolomeo Colleoni.

1476 gab es die *lanza spezzata* des schon längst verstorbenen Antonello da Corneto. Nachdem die Reiter von Venedig wieder in den Dienst genommen wurden, fochten sie als stehende Kavallerieeinheit unter einem venezianischen Kommandeur. Vgl. Heath: Armies of the Middle Ages, Volume 1, S. 35.

234 Vgl dazu Nicolle, David und Embleton G. A.: Italian Medieval Armies 1300–1500, London 1983.

235 Der Begriff „condotta" bedeutete zunächst „Führung" und ging erst später auf das Schriftstück über.

236 Micheletto Attendolo, auch genannt Michelotto da Cotignola, (um 1390–1451) wurde 1441 Oberbefehlshaber aller venezianischer Truppen.

in venezianische Dienste trat, bestand sein 561 Lanzen zählender Reiterverband aus den Soldeinheiten von 167 nachgeordneten Condottieri. Deren Einheiten waren zwischen einer und 50 Lanzen stark.[237] Condottieri legten vermutlich auch deshalb Wert auf eine gewisse Uniformität. So war es durchaus üblich, dass rund ein Drittel der *imprestanza* in der Form von Tuchen gemacht wurde.[238] Damit konnten die Condottieri ihre Leute dann relativ einheitlich einkleiden.

Die Rüstungen der venezianischen Reiter, die zumeist angeworben waren, entsprachen dem Standard der norditalienischen Reiterei. Da es sich Venedig leisten konnte, namhafte Condottieri anzuwerben, waren deren Leute in der Regel gut gerüstet. Die Condottieri selbst hatten Rüstungen, die den allerhöchsten militärischen (und häufig auch künstlerischen) Anforderungen genügten. So trug Robert da Sanseverino bei Calliano eine Rüstung, die aus der Werkstatt des Mailänder Plattners Antonio da Missaglia stammte und um 1480 gefertigt worden war.[239]

In Italien sehr verbreitet waren flexible oder auch starre Rüstungen aus Leder. Ebenfalls eine italienische Besonderheit stellte der Helmtyp der „Venezianischen Schaller“ dar, die meisten Exemplare wurden allerdings in Mailand hergestellt. Ansonsten erfreute sich die Barbuta – ein weiterer Helmtyp – besonderer Beliebtheit.

Große Verbände der Soldreiterei waren in eine Anzahl von *squadre* eingeteilt, von denen die größte normalerweise die *casa* (also der Haushalt) des Condottiere war. Dort waren auch Leibgarde, administrative Kräfte usw. angesiedelt. Die anderen *squadre* wurden von *caposquadre* oder *squadrieri* kommandiert. Die Größe einer *squadra* war nicht reguliert.

Die kleinste taktische Einheit (wenn man den modernen Begriff anwenden will), war die „Lanze“. Eine Lanze war in Venedig, wie in Italien üblich, drei Mann stark: ein schwergerüsteter Lanzenkämpfer, ein etwas leichtergerüsteter Reiter und ein berittener Diener oder Page. Der Lanzenkämpfer (zumeist ein Ritter) wurde *elmetto* oder *vero armigero* genannt. Um 1470 umfasste die Lanze schon vier Reiter, wenn auch diese Organisationsform in Friedenszeiten erst ab 1490 anerkannt wurde. Der zusätzliche Mann war fast immer ein berittener Armbrustschütze. Um 1490 war die Gruppe der berittenen Armbrustschützen angewachsen. Sie stellten ein eigenes Korps bei der Reiterei unter einem eigenen Befehlshaber. Ein Drittel der Reiterei bestand aus berittenen Armbrustschützen, ein weiteres Drittel aus *elmetti*, das letzte Drittel aus leichter Reiterei. Häufig dienten die Armbrustschützen zu Pferde auch als Leibwache eines Condottiere. Es traten auch vermehrt berittene Feuerrohrschützen auf.

Ein mit Barbuta und Plattenharnisch gut gerüsteter venezianischer Fähnrich.
Er ist von Männern seiner Fahnenwache umgeben, welche im Gegensatz zu den Knechten im Hintergrund mit Streitäxten oder Kriegshämmern bewaffnet sind. Diese sind kürzer als die Stangenwaffen des übrigen Fußvolkes und lassen sich im dichten Gedränge um die Fahne besser führen. Dennoch sind sie lang genug, um mit beiden Händen kraftvolle Hiebe austeilen zu können.
Foto: Città del Grifo

237 Vgl. Heath: Armies of the Middle Ages, Volume 1, S. 36.

238 Vgl ebd. S. 126.

239 Vgl. Wagner, Eduard; Drobna, Zoroslava und Durdik, Jan: Medieval Costume, Armour and Weapons, London 1962, S. 66.

Die Harnische bedeutender Persönlichkeiten wie Heerführer, Fürsten und Könige sind oft nicht nur von allerhöchster funktionaler Qualität, sondern mitunter auch überreich verziert. Vergoldungen, Bemalungen und Überzüge aus feinsten Textilien künden von der beinahe übermenschlichen sozialen Stellung ihrer Träger.
Foto: Condottieri Mauriziani

Italienische *lanze* umfassten anders als in Frankreich oder Burgund keine Fußsoldaten.

Die waren zu Anfang des 15. Jahrhunderts noch eingeteilt in Speerträger, Armbrustschützen und Schildträger. Später (um 1440) gab es eine Zweiteilung, einerseits Feuerrohrschützen, Bogen- und Armbrustschützen, auf der anderen Seite Pikeniere, Hellebardiere und Schwert- und Buckelschild-Träger. Regelrechte Feuerschützenkompanien wurden zwischen 1435 und 1448 eingeführt, wobei die Schützen zumeist aus dem Raum nördlich der Alpen kamen. Das Training der Bürger Venedigs im Schießwesen, was zur Verringerung der Abhängigkeit von den fremden Feuerschützenkompanien führen sollte, begann erst um 1490.[240] Dazu kamen Schweizer Soldverbände und albanische und kretische Fußkrieger.

Die Armeen Venedigs wurden von namhaften Condottieri geführt, die reiche Lagunenstadt konnte sich die prominentesten und teuersten leisten: Gonzaga, Attendolo, Carmagnola, Colleoni.

Trotzdem wurden die in venezianischem Dienst befindlichen Armeen auf Feldzügen immer von einem oder zwei venezianischen Edelleuten hohen Rangs, sogenannten *provveditori*, begleitet. Sie sollten sicherstellen, dass die Interessen der Republik stets gewahrt blieben. Manchmal übernahmen sie auch das Kommando über einzelne Truppenverbände.

Durch ihre Feldzüge in Morea (dem Peloponnes) und Dalmatien kamen die Venezianer mit den sogenannten „Stradioten“ (*stradioti*) in Berührung, die sie schnell selbst in ihre Dienste übernahmen. Gegen die Osmanen erwiesen sich die Stradioten als wirkungsvoller als Kavallerie nach italienischem Vorbild. Erstmals in venezianischen Diensten in großer Zahl verwendet wurden sie im Krieg von 1463 bis 1479 gegen die Osmanen. Einer der ersten Anführer der Stradioten in venezianischen Diensten war Konstantinos Graitzas Palaiologos.[241] Diese Stradioten wurden von den Venezianern auch im Friaul (Ende der 1470er-Jahre) eingesetzt, dann auch auf der italienischen Halbin-

240 Im Jahre 1493 konnte man im Friaul schon eine Milizeinheit von 900 Feuerschützen aufbringen.

241 Er war tatsächlich weitläufig mit dem letzten Herrscherhaus Ostroms verwandt.

sel. 1479 wurden 1000 von ihnen permanent in Dienst genommen und nach Italien gebracht, 1482 noch einmal 1000. Da sie sich im Krieg gegen Ferrara 1482 als wirkungsvoll erwiesen, folgten andere italienische Fürstentümer dem Beispiel der Venezianer. So wurden sie von Neapel in den Dienst genommen, man fand sie aber auch in Mailänder Diensten.[242] In ihrer Rolle als leichte Kavallerie trugen die Stradioten eine Mischung aus orientalischer und byzantinischer Tracht, einen Umhang und einen kleinen Hut[243] oder einen leichten Helm. Bewaffnet waren sie mit Lanzen, Pfeil und Bogen, Säbeln (nach orientalischem Vorbild) und Streitkolben. Charakteristisch scheinen spitze Hüte gewesen zu sein. Im Friaul traten die Stradioten sehr häufig auf.

Ein Stradiot, Flugblatt von 1529

Der Markuslöwe ziert als heraldisches Symbol die Pavese dieses Kriegers.
Foto: Città del Grifo

242 Die Stradioten, häufig Albaner, waren gefürchtet. Angeblich bestand ihr Sold aus einem Kopfgeld: Ein venezianischer Dukat pro feindlichem Kopf. Bei Fornovo soll der Legende nach ein Stradiot, der für den Kopf eines Franzosen ein Kopfgeld erhalten sollte, keinen solchen finden. Also behalf er sich, indem er einen italienischen Priester überfiel und köpfte.

243 Deshalb – wegen ihrer Hüte – nannte man die Stradioten in Venedig auch „*cappelletti*".

Venedig hatte noch andere exotische Einheiten, die spielten aber auf den italienischen und alpenländischen Kriegsschauplätzen keine Rolle.[244] Auch Venedig gehörte zu den Staaten, die Schweizer Söldner einsetzten. In der ersten Hälfte des 15. Jahrhunderts befanden sich bereits Eidgenossen und Bündner[245] in venezianischen Kriegsdiensten, die noch ohne Verträge zwischen der Lagunenrepublik und den jeweiligen eidgenössischen Orten geworben worden waren. In diesem Zusammenhang erscheinen die ersten venezianischen Gesandten auf Schweizer Boden, so im Jahre 1425 Giovanni Amati in Luzern sowie anno 1439 Francesco Brunicardi und schließlich 1463 Niccolò Bernardo in Zürich. Letzterer strebte den Abschluss eines Militärbündnisses an, was die Eidgenossen ebenso ablehnten wie im Jahre 1478 das Gesuch für eine Soldwerbung von 1000 Mann.

Als die Venezianer 1482 bis 1484 den Herzog von Ferrara, Ercole I d´Este, im sogenannten *„Guerra del Sale“* („Salzkrieg“) bekämpften, heuerten auch sie schweizerische Söldner an, deren Schlagkraft berühmt war. Es gelang ihnen, eine ziemliche Anzahl Reisläufer, und namentlich viele Berner, deren Hauptmann Peter Keyser von Bern war, anzuwerben. Weiterhin heuerten sie 300 Appenzeller und Rheinthaler, unter Hauptmann Schöni von Appenzell, an. Im Jahr 1482 zogen die Söldner, angeführt vom Herzog Rene´ (Renatus) von Lothringen, nach Italien. Im November 1482 hatten die Venezianer unter Roberto da Sanseverino Ferrara fast bezwungen, da rückte ihr bisheriger Verbündeter Papst Sixtus IV. von dem Bündnis ab. Da die Eidgenossen damals mit dem Papst Sixtus IV. im Bündnis standen, wurden dieselben schon bald nach ihrem Ausmarsche nach Hause gemahnt. Indessen scheint es, dass diesem päpstlichen Befehl nicht allgemein Folge geleistet wurde, so kamen beispielsweise die Appenzeller unter den Befehl des venezianischen Befehlshabers Sanseverino, der sie bei den Kämpfen in der Region Polesina einsetzte.[246]

Und auch Tiroler waren bei der Lagunenrepublik als Söldner begehrt. 1482 hatte der Doge in einem Brief bei Erzherzog Siegmund angefragt, ob man nicht im Austausch gegen Getreidelieferungen in Tirol Söldner werben könne.[247]

Die Artillerie der Venezianer war bemerkenswert. Ihr weltberühmtes Arsenal war nicht nur der Lagerplatz, sondern auch die Fertigungsstätte vieler Geschütze.

Venedig verfügte schon in der ersten Hälfte des 14. Jahrhunderts über Feuergeschütze, 1379 begann man, Kriegsschiffe damit auszustatten. Als im Jahre 1497 Arnold von Harff[248] das Arsenal der Lagunenstadt besuchte, enthielt es seinen Angaben zufolge drei Mörser, 30 Hauptstücke, 160 große Kanonen, 44 Kartaunen, und mehr als 500 kleinere Geschütze. Fast alle Geschütze waren aus Kupferbronze, also im Gussverfahren hergestellt. Es waren riesige Bombarden im Geschützpark, die zentnerschwere Kugeln verschießen konnten. Wichtiger noch war, dass 400 der kleineren Geschütze über Räderlafetten verfügten, also für den Landeinsatz geeignet waren.[249] Harff äußerte, er habe noch niemals so eine Menge an Geschützen gesehen, obwohl er schon die Arsenale von Brescia, Verona, Padua und Wien besichtigt hatte. Man wies ihn darauf hin, dass in den Arsenalen der venezianischen Besitzungen noch mehr Geschütze lagerten. Venedig hatte 1471 begonnen, Venezianer in großem Maßstab im Bau von Geschützen und deren Bedienung zu unterweisen. Allerdings bestand die Masse der Artilleristen gegen Ende des 15. Jahrhunderts aus Burgundern, Engländern und Deutschen. Das Arsenal war ein Fertigungszentrum ersten Ranges, hier entstanden Geschütze, aber auch Sehnen für Armbruste. Rüstungen und Bankwaffen wurden vor allem in Brescia[250] hergestellt, das seit der ersten Hälfte des 15. Jahrhunderts zum venezianischen Machtbereich gehörte.[251]

Kern der venezianischen militärischen Macht war immer die Flotte der Republik. Die spielte nun auf dem Schauplatz dieses Konflikts naturgemäß keine besondere Rolle. Allerdings waren die Mannschaften der Flotte ein großes und durchaus kampfkräftiges Personalreservoir. Außerdem hatte eine Gesellschaft, die sich auf den Seehandel gründete, natürlich eine nutzbare maritime Expertise. Das half natürlich, wenn es um Flussüberquerungen ging. Aber auch andere militärisch nutzbare Fähigkeiten ergaben sich aus der nautischen Erfahrung der Venezianer.[252]

Ganz konkret waren die venezianischen Flottenunternehmungen auf dem Gardasee, auf dem Unterlauf des Po usw. Dabei wurden nicht nur die kleine *barche* verwendet, die nur fünf Mann Besatzung hatte, wovon zwei als Armbrustschützen fungierten.

Im Winter 1438–1439 hatten venezianische Truppen unter der Führung von Nicolò Sorbolo, einem venezianischer Marineoffizier aus Candia (auf Kreta) eine Flotte von sechs ausgewachsenen Galeeren und

244 Erwähnen sollte man aber die *getarii*. Das war eine übel beleumundete Gruppe von Söldnern, die in Saloniki präsent war, das von 1423 bis 1430 zum venezianischen Reich gehörte. Die Stadt lag die ganze Zeit unter osmanischer Belagerung, die *getarii* sollten sich unter die Bewohner und die Milizen der Stadtverteidigung mischen und jeden niedermachen, der unvorsichtigerweise den Willen zur Aufgabe äußerte.

245 Es gab seinerzeit sehr wenige eidgenössische Kaufleute und Handwerker in Venedig, Bündner dagegen in größerer Zahl.

246 Vgl. Rudolph: Kriegsgeschichte der Schweizer, S. 225.

247 Der Brief datiert vom 4. März 1482.

248 Arnold von Harff (geboren anno 1471 auf Burg Harff bei Bedburg, verstorben im Januar 1505 ebenda) war ein Ritter. der zu den drei bedeutendsten Pilgerzielen des christlichen Mittelalters, nämlich nach Rom, Jerusalem und Santiago de Compostela pilgerte und über seine Reise einen ausführlichen Bericht in deutscher Sprache verfasste.

249 Vgl. Heath: Armies of the Middle Ages, Volume 2, S. 33.

250 Vgl. Nicolle u. Rothero: The Venetian Empire 1200–1670, S. 41–42.

251 Venedig hatte die Stadt 1426 erobert. Vgl. Lühe, Hanns Eggert Willibald von der (Hg.): Militair-Conversations-Lexicon, Leipzig 1833, S. 703.

252 Nächtliches Navigieren nach Sternen, Wasserbevorratung, logistische Kalkulationen waren auch an Land nützlich.

Das Benediktinerinnenkloster Sonnenburg,
Zeichnung: Wolfgang Braun

Auch diese Pavese ist mit dem Markuslöwen dekoriert.
Foto Città del Grifo

25 kleineren Schiffen die Etsch aufwärts gebracht, dann über Land durch zum Teil schwierige Gelände bis zum Gardasee transportiert.[253] Dabei wurden 2000 Zugtiere eingesetzt. Die Schiffe sollten helfen, die von den Mailändern in Brescia belagerte venezianische Besatzung zu entsetzen. Auf ihrem etwa zwanzig Kilometer langen Weg musste die Flotte den Pass von San Giovanni (287 m Seehöhe) überwinden und durch die enge Schlucht des Tals von Santa Lucia gelangen. Auf dem steilen Abstieg nach Torbole am Gardasee (68 m Seehöhe) musste man sogar die Segel der schweren Schiffe einsetzen, um sie abzubremsen. Diese Flottille wurde aber am 26. September von der Mailänder Flottille auf dem See im Gefecht vor Maderno zerstört.[254] In der Folge bracht man keine zweite venezianische Flotte mehr auf diesem Weg zum Gardasee, sondern vorgefertigte Bauteile, die dann in Torbole zusammengesetzt wurden. Im April 1440 schlug die venezianische Flottille – erneut bestehend aus mehreren Galeeren und kleineren Booten, die Mailänder Flottille vernichtend vor Riva del Garda. So gelang es den Venezianern nicht nur, den erhofften Entsatz nach Brescia zu bringen und schließlich die Belagerung zu beenden, sondern der gesamte Gardasee konnte unter die Kontrolle Venedigs gebracht werden.[255]

253 In Venedig nannte man das Abenteuer später „Galeas per montes“. Das gewagte Unternehmen wurde von Tintoretto an der Decke des Saals des Großen Rates in Venedig künstlerisch verewigt

254 Vgl. Nicolle u. Rothero: The Venetian Empire, S. 9.

255 Vgl. dazu Heller, Ferdinand: Das glorreiche Unterfangen. Galeeren auf Bergfahrt zum Gardasee; Erzählung in zwanzig Bildern, Trient 2015.

Waffenübung italienischer Fußknechte, Foto Città del Grifo

Die Schlacht im Enneberg

Bis 1447 war Nikolaus von Kues als Legat im Dienste Papst Eugens IV. im Römischen Reich unterwegs und vertrat dessen Interessen auf den Reichstagen. In dieser Rolle trat er ziemlich bestimmt für den Papst ein, was zeitgenossen und Nachwelt beeindruckte. Denn noch hundert Jahre später spottete etwa Johannes Kymeus, ein überzeugter Protestant, in einem Flugblatt, dass Cusanus „*Des Babsts Hercules wider die Deudschen*" sei.[256]

Cusanus wollte die Klosterlandschaft des Reiches reformieren, um die kirchliche Herrschaft zu stärken. Viele Klöster waren von den Lehren des Heiligen Benedikts abgewichen und pflegten ein durchaus weltliches Gebaren. In diesem Sinne unterstützte er auch die sogenannte „Bursfelder Kongregation", ein Zusammenschluss west- und mitteldeutscher Klöster. Sie setzte sich für eine Rückkehr zu den ursprünglichen Ordensregeln ein. So bestätigte Cusanus 1451 den Zusammenschluss der Kongregation.

Im Jahr 1448 ernannte der Papst Nikolaus V. Cusanus offiziell zum Kardinal und 1450 auch zum Fürstbischof von Brixen. Diese Ernennung erfolgte unter Umgehung des eigentlich wahlberechtigten Domkapitels und ohne Rücksprache mit dem Landesfürsten Siegmund von Tirol. Dessen eigener Kandidat, Leonhard Wismeyer, war zuvor vom Papst abgesetzt worden. In seiner Zeit als Bischof von Brixen geriet Cusanus immer wieder in Konflikt mit dem Tiroler Landesfürsten. Auf dem Höhepunkt dieses Streites belagerte Herzog Siegmund 1460 den Bischof in der Stadt Bruneck. Nach einer unblutigen Einigung geriet Cusanus in Gefangenschaft und musste viele seiner Reformgedanken aufgeben.

Mit der Ernennung des reformfreudigen Kardinals Cusanus zum Bischof von Brixen brachen in der Diözese Brixen neue Zeiten an. Cusanus versuchte jene Macht wieder zu erlangen, die die Bischöfe im Laufe des späten Mittelalters an ihre Vögte, die Grafen von Tirol und Görz, abgegeben hatten. Ein erster Schritt dazu war die Zentralisierung der bischöflichen Gewalt. Dabei standen ihm unter anderem die vielen Klöster im Weg, die sich auf jahrhundertelange Selbstverwaltung berufen konnten.[257]

Eine dieser Anlagen war das Benediktinerinnenkloster Sonnenburg im Pustertal. Aufgrund zahlrei-

256 Kremer, Klaus: Nikolaus von Kues (1401–1464), Einer der größten Deutschen des 15. Jahrhunderts, Trier 1999, S. 22.

257 Hallauer, Hermann: Die Schlacht im Enneberg, Neue Quellen zur moralischen Wertung des Nikolaus von Kues, Trier 1969, S. 5.

cher Stiftungen besaß es einen ausgedehnten Besitz im Gadertal, wo es auch die niedere Gerichtsbarkeit ausübte. Die hohe Gerichtsbarkeit in diesem Gebiet übte hingegen der Bischof von Brixen aus, sodass es zwangsläufig zu Reibereien kommen musste. Zu diesem Konflikt gesellte sich noch eine dritte Komponente, nämlich der Tiroler Landesfürst. Herzog Siegmund beanspruchte die Vogteirechte des Tales für sich, da er offiziell der Schirmherr der Sonnenburger Nonnen war.

Als Cusanus versuchte die Reform der vielen verweltlichten Ordensgemeinschaften in seiner Diözese durchzusetzen, stieß er auf der Sonnenburg auf starken Widerstand. Die Äbtissin Verena von Stuben verleumdete den Bischof, indem sie behauptete, dass er es eigentlich auf den weltlichen Besitz des Klosters abgesehen hatte. Da sie Cusanus den Gehorsam verweigerte, belegte der Bischof die Äbtissin mit dem Kirchenbann und das Kloster mit dem Interdikt. Verena von Stuben zeigte sich davon wenig beeindruckt, da sie von Herzog Siegmund unterstützt wurde. Dieser hatte den bewaffneten Schutz des Klosters übernommen und ließ durch seinen Verwalter, Ritter Balthasar von Welsberg, eine Reihe von Nadelstichen gegen bischöfliche Untertanen ausüben. Bischof Cusanus wollte seine Rechte nicht aufgeben, konnte sich aber keinen offenen Krieg gegen den Landesfürsten leisten.

Nicolaus Cusanus interpretierte diese Aktionen des Welsbergers als persönliche Bedrohung. Der Bischof fühlte sich in Brixen nicht mehr sicher genug und da er um sein Leben fürchtete, floh er auf die Burg Buchenstein (heute Castel Andraz). Diese Festung lag im äußersten Südosten des brixnerischen Herrschaftsbereichs und zeigt noch heute ihre Wehrhaftigkeit.

Trotz der Vermittlung von Herzogin Eleonore, der Gattin Siegmunds, kam es zu keiner Einigung. Als Herzog Siegmund Tirol für kurze Zeit verließ, legte Balthasar von Welsberg sein Amt als Verwalter und Beschützer des Klosters nieder. Verena von Stuben musste sich nun selbst um ihren Schutz kümmern. Dazu beauftragte sie ihren Schwager Jobst von Hornstein zu Schatzberg, eine Söldnertruppe anzuwerben. Mit diesen wollte sie die Zinsleute der Abtei im Gadertal zwingen, alle Abgaben nur mehr an das Kloster und nicht an den Bischof von Brixen zu entrichten.[258]

Am Abend des 5. April 1458 brach Jobst von Hornstein mit 86 Mann zu seiner Mission auf. In den Morgenstunden erreichte die Truppe schließlich den Hauptort Enneberg, wo sie sogleich den Zehnten mit aller Gewalt eintrieb. Schon auf dem Weg dorthin zogen die Söldner eine Spur der Verwüstung hinter sich her. Sie brandschatzten ganze Weiler, vertrieben die Bewohner und vergingen sich an den Frauen. Afra von Velseck, die Kandidatin des Bischofs für das Äbtissinenamt, beschreibt die Gräueltaten sehr ausführlich.[259] Dabei kann die Neutralität Afras gegenüber Verena von Stuben durchaus angezweifelt werden.

Jedenfalls zogen die Söldner von Enneberg zurück Richtung Kloster. Auf dem Weg dorthin wollte von Hornstein noch mehrere Weiler plündern. Um dorthin zu gelangen, mussten sie kurz nach dem Gasthof Oberpalfrad einen Steilhang durchqueren und eine Klamm überwinden, die nur von einer kleinen Holzbrücke überspannt wurde.

Was nun tatsächlich geschehen ist, ist in der Forschung umstritten. Die erste zusammenfassende Schilderung der Schlacht stammt von Mathias Burglechner aus seiner um 1620 verfassten Tiroler Geschichte. Dort erfahren wir aber etwas ganz anderes: Anscheinend zogen keine Söldner zurück zur Sonnenburg, sondern Enneberger Bauern, die Abgaben abliefern wollten. Auf dem Weg dorthin überfiel sie Gabriel Prack, der bischöfliche Amtmann zu Buchenstein. Obwohl die Bauern um Gnade flehten, metzelte Prack gnadenlos jeden nieder.

Diese Version der Geschichte wurde von den Historikern späterer Zeit mehr oder weniger kritiklos übernommen, höchstens in Details abgewandelt.

Die Söldner Jobst von Hornsteins zogen nun auf dem Weg nach Oberpalfrad durch die erwähnte Klamm. Die etwa 60 Bauern von Enneberg, die sich angesichts des übermächtigen Feindes aus dem Ort zurückgezogen hatten, wählten diese Stelle für einen Hinterhalt. Als die Söldnertruppe den Steilhang durchqueren wollte, lösten die Bauern eine vernichtende Steinlawine aus. Für die zahlenmäßig überlegenen Söldner gab es kein Entkommen. Etwa 50 Mann der 80-köpfigen Söldnertruppe wurden von den Steinen und den nachrückenden Ennebergern erschlagen. Die Bauern wagten es allerdings nicht, Hand an Ritter Jobst von Hornstein zu legen und nahmen ihn und den kümmerlichen Rest seines Trupps gefangen. Die Leichen wurden geplündert und bewusst nicht begraben, sondern liegen gelassen.

Inzwischen war der bischöfliche Amtmann Gabriel Prack zu Asch mit 200 Mann Verstärkung angekommen, der in der anderen Version ja anscheinend Bauern gemeuchelt hat. Mit seinen Männern belagerte Prack das Kloster Sonnenburg und konnte die streitbare Äbtissin Verena am 8. April 1458 vertreiben.

Damit war das Kapitel aber noch nicht zu Ende, denn das Kloster blieb nur bis zum 26. Mai im Besitz des Bischofs. Landesfürst Siegmund, der sich bis jetzt, zumindest offiziell, aus dem Konflikt herausgehalten hatte, ließ die Sonnenburg nun durch seine Truppen besetzen. So konnte Verena von Stuben am 15. Juni wieder als Vorsteherin in das Kloster einziehen.

Herzog Siegmund und mit ihm Äbtissin Verena von Stuben waren also die Sieger in diesem Konflikt. Nicolaus Cusanus konnte sein Reformprogramm nicht gegen den Willen des Landesfürsten durchsetzen.

258 Vgl. ebd. S. 15.

259 Vgl. ebd. S. 21.

LISTE DER AN DER DURCHFÜHRUNG DES ZWEIKAMPFES BETEILIGTEN PERSONEN

auf der Seite Venedigs:

Antonio Maria da Sanseverino
Conte Gian Francesco da Tollentino, Platzvogt und Eskorte
Giovanni Francesco da Tollentino, Grieswart
Lucio Ciprito, Grieswart
Lucio Cornelio Malvezzi di Bologna, Platzvogt
Julio Cornelio Malvezzi di Bologna, Platzvogt und Geisel
Ottaviano da Sanseverino (unehelicher Sohn Robert Sanseverinos), Geisel
Lucas Pisani (hoher venezianischer Würdenträger)
Petro Diedo ((hoher venezianischer Würdenträger)
Francesco Diedo (hoher venezianischer Würdenträger)
Hieronimo Marcello (hoher venezianischer Würdenträger)
Andrea Marcello (früherer Hauptmann von Durazzo)
Conte Gian Francesco da Parni, Grieswart und Eskorte
ein Diener des Vorgenannten, Eskorte
Tullio da Constantia, Eskorte
Tullo (?), Estorte
Rütz von Tamp, Eskorte
Pietro Quirini, Eskorte
Lienelus, Eskorte
Brabndelius, Eskorte
Juliano da Codignola, Waffenmeister, Eskorte
Simon, Dolmetscher, Eskorte
Anton von Bagäu, Eskorte
Bilgrim Credenzer, Eskorte
Ragon Marschalk, Eskorte
Lucio Malipiero, Eskorte
Julio Malipiero, Grieswart
Peter Salern, Grieswart
und acht Soldknechte, vier Tromperter, vier Maultierführer

auf der Seite Tirols:

Johann von Waldburg-Sonnenberg, Zweikämpfer
Burkhard von Knöringen, Platzvogt, Grieswart
Friedrich Kappler, Platzvogt, Grieswart, Eskorte
Walter von Stadion, Platzvogt, Grieswart
Bero von Rechberg, Geisel
Ludwig von Rechberg, Eskorte
Veit von Rechberg, Eskorte
Hieronymuns von Heimenhofen, Geisel
Wolf von Asch, Geisel
Johann von Königsegg, Geisel
Garf Ulrich von Montfort, Eskorte
Garf Johann von Saarwerden, Eskorte
Graf Jakob von Tengen, Eskorte
Freiherr Ulrich von Sax-Hohensax, Eskorte
Johann Truchseß von Waldburg der jüngere, Eskorte
Hans von Pienzenau (Pienzenauer), Eskorte
Friedrich zu Rhein, Eskorte
Siegmund von Welsberg, Grieswart, Eskorte
Johann Kaspar von Laubenberg, Grieswart, Eskorte
Michael von Freiberg, Eskorte
Georg von Freiberg, Eskorte
Johann von Freiberg, Eskorte
Wendel von Homburg, Eskorte
Urs von Kudringen, Eskorte
Wilhelm von Kudringen, Eskorte
Diepolt Spät, Eskorte
Caspar von Wallenfels, Eskorte
Caspar Dorer, Eskorte
Johann von Wellwart, Eskorte
Wilhelm Auer, Eskorte
Lutz von Habsburg (Habsberg?), Eskorte
Simon von Vürdt (Pfirt?)[260], Eskorte
Michael Russ von Russenstein, Eskorte
Veit Moosreiner (Mosrainer), Eskorte
Degenhardt von Offenstätten, Eskorte
Johann Berthold von Reinach, Eskorte
Leonhard Vetter, Eskorte
Wilhelm Deutsch, Waffenmeister, Eskorte
Johann von Montforts persönlicher Diener mit vier Trompetern und einem Trommler

(die Angaben stammen aus der Chronik der Truchsessen von Waldburg[261])

260 Das war höchstwahrscheinlich Simon von Pfirt aus dem Oberelsass, geboren 1460, verstorben 1521, Walter, Theobald: Die Grabschriften des Bezirkes Oberelsass von den ältesten Zeiten bis 1820, Gebweiler 1904, S. 140.

261 Vgl. Pappenheim, Matthäus von: Chronik der Truchsessen von Waldburg, Memmingen 1777.

LITERATUR

Bächtiger, Franz: **Bemerkungen zum Widersacher des Eidgenossen von 1529**, in: Zeitschrift für schweizerische Archäologie und Kunstgeschichte, Band 37, Bern 1980, S. 252–259.

Baum, Wilhelm: **Sigmund der Münzreiche**, Zur Geschichte Tirols und der habsburgischen Länder im Spätmittelalter, Bozen 1987.

Bertolizio, Giorgio: **Dogi, Nullità al potere**; Rom 2013.

Bidermann, Hermann Ignaz: **Die Italiäner im Tirolischen Provinzial-Verbande**, Innsbruck 1874.

Boeheim, Wendelin: **Handbuch der Waffenkunde**, Leipzig 1890.

Brandis, Clemens Wenzeslaus, Graf zu: **Tirol unter Friedrich von Österreich**, Wien 1821.

Brandis, Jacob-Andrä, Freiherr von: **Die Geschichte der Landeshauptleute von Tirol**, Innsbruck 1850.

Brauer-Gramm, Hildburg: **Der Landvogt Peter von Hagenbach – Die burgundische Herrschaft am Oberrhein 1469–1474**, Göttingen 2001.

Bundi, Martin: **Frühe Beziehungen zwischen Graubünden und Venedig** (15./16. Jahrhundert), Chur 1988.

Carey, Brian Todd: **Warfare in the Medieval World**, Barnsley 2006.

Clayton, Anthony: **Warfare in Woods and Forests**, Bloomington und Indianapolis 2012.

Clauss, Martin: **Ritter und Raufbolde**, Vom Krieg im Mittelalter, Darmstadt 2009.

Commynes, Philippe de: **Memoiren**, Stuttgart 1972.

Daublebsky von Sterneck, Moritz Ritter: **Geschichtlicher Anhang zur militärischen Beschreibung des Kriegsschauplatzes Tirol und Vorarlberg**, Wien 1872.

Delbrück, Hans: **Geschichte der Kriegskunst im Rahmen der politischen Geschichte**, Band 4, Berlin 1920.

Dumler, Helmut: **Venedig und die Dogen**, Düsseldorf 2001.

DeVries, Kelly: **Medieval Military Technology,** Peterborough 1992.

Eberle Joseph: **Die Kirche des heiligen Vigilius und ihre Hirten**; Kurze Geschichte des Bisthums und der Bischöfe von Trient, Bozen 1825, Band 1.

Egg, Erich: **Der Tiroler Geschützguß 1400–1600** (Tiroler Wirtschaftsstudien 9), Innsbruck 1961.

Embleton, Gerry und Howe, John: **Söldnerleben im Mittelalter**, Stuttgart 1996.

Fiedler, Siegfried: **Taktik und Strategie der Landsknechte, 1500–1650**, Augsburg 2002.

Forcher, Michael: **Kleine Geschichte Tirols**, Innsbruck und Wien 2012.

Fowler, Kenneth: **Medieval Mercenaries**, Volume I, Oxford 2001.

Furner, Norbert u.a. (Hg.): **Gente ferocissima: Solddienst und Gesellschaft in der Schweiz** (15.–19. Jahrhundert), Zürich 1987.

Funcken, Fred und Liliane: **Rüstungen und Kriegsgerät im Mittelalter**, München 1979.

Gismann, Robert: **Die Beziehungen zwischen Tirol und Bayern im Ausgang des Mittelalters**, Herzog Siegmund der Münzreiche und die Wittelsbacher in Landshut und München von 1439–1479, Innsbruck 1976.

Gober, Manuel: **Museo Storico Italiano della Guerra**, Rovereto 2008.

Gravett, Christopher und McBride, Angus: **German Medieval Armies 1300–1500**, Oxford 1985.

Guicciardini, Francesco: **The History of Italy**, Princeton 1984.

Hallauer, Hermann: **Die Schlacht im Enneberg**, Neue Quellen zur moralischen Wertung des Nikolaus von Kues, Trier 1969.

Hansjakob, Heinrich: **Der Waldshuter Krieg vom Jahre 1468**, Waldshut 1868.

Hay, Denys: **Europe in the Fourteenth and Fifteenth Centuries**, London 1989.

Heath, Ian: **Armies of the Middle Ages**, Volume 1, Worthing 1982.

Heath, Ian: **Armies of the Middle Ages**, Volume 2 (The Ottoman Empire, Eastern Europe and the Near East, 1300–1500), Worthing 1984.

Hefner, Otto Titan von: **Geschichte der Regierung Albrecht IV., Herzogs in Bayern**, München 1852.

Hegi, Friedrich: **Die geächteten Räte des Erzherzogs Sigmund von Österreich und ihre Beziehungen zur Schweiz, 1487 - 1499**: Beiträge zur Geschichte der Lostrennung der Schweiz vom Deutschen Reiche, Innsbruck 1910.

Heller, Ferdinand: **Das glorreiche Unterfangen**. Galeeren auf Bergfahrt zum Gardasee; Erzählung in zwanzig Bildern, Trient 2015.

Hewitt, John: **Ancient Armour and Weapons in Europe**, Oxford 1860.

Hormayr, Joseph von: **Taschenbuch für vaterländische Geschichte**, Band 8, Leipzig 1837.

Hürlimann, Louis: **Ulrich VIII. von Hohensax (1462-1538), Gerichtsherr und Militärunternehmer**; in: Thurgauer Beiträge zur Geschichte, Band 135, 1995, S.169–175.

Jäger, Albert: **Die Fehde der Brüder Vigilius und Bernhard Gradner gegen Herzog Sigmund von Tirol**, in: Denkschriften der kaiserlichen Akademie der Wissenschaften, Wien 1859, S.233–301.

Koch, H. W.: **Medieval Warfare**, London 1978.

Köfler, Werner: **Land, Landschaft, Landtag**: Geschichte der Tiroler Landtage von den Anfängen bis zur Aufhebung der Landständischen Verfassung 1808, Innsbruck 1985.

Knapton, Michael: **Venice and the Veneto during the Renaissance**: the legacy of Benjamin Kohl, Florenz 2014.

Kramer, Daniel Robert: **Das Söldnerwesen**, Militärisches Unternehmertum in der Genese des internationalen Systems, Wiesbaden 2010.

Kremer, Klaus: **Nikolaus von Kues (1401-1464)**, Einer der größten Deutschen des 15. Jahrhunderts, Trier 1999.

Kretschmayr, Heinrich: **Geschichte von Venedig**, 2. Band, Gotha 1920.

Krieg von Hochfelden, Georg Heinrich: **Geschichte der Militär-Architektur in Deutschland**, Stuttgart 1859.

Krones, Franz von: **Johannes Hinderbach**, in: Allgemeine Deutsche Biographie, herausgegeben von der Historischen Kommission bei der Bayerischen Akademie der Wissenschaften, Band 12 (1880), S. 457–458.

Krones, Franz von: **Sigmund, Erzherzog von Oesterreich**, in: Allgemeine Deutsche Biographie, herausgegeben von der Historischen Kommission bei der Bayerischen Akademie der Wissenschaften, Band 34 (1892), S. 286–294.

Jedelhauser, Philipp: **Beiträge zum Beginn und zum Ende der Herrschaft der Markgrafen von Burgau aus dem Hause Berg**, 2. überarbeitete Auflage, Krumbach 2017.

Lachmann u.a.: **eyn rohr aus eisern stangen, Zur Geschichte des Stabringgeschützes „Faule Magd“**, Dresden o. J.

Ladurner, P. Justinian: **Die Vögte von Matsch, später auch Grafen von Kirchberg**, in: Zeitschrift des Ferdinandeums für Tirol und Vorarlberg, Ser. 3, Bd. 18 (1873), S. 5-159.

Ladurner, P. Justinian u.a (Hg.): **Archiv für Geschichte und Alterthumskunde Tirols**, Band 2, Innsbruck 1850.

Lanzardo, Dario (Hg.): **Ritter-Rüstungen**, Der Eiserne Gast, Ein mittelalterliches Phänomen, München 1990.

Lichnowsky, Eduard Fürst von: **Geschichte des Hauses Habsburg**. 8. Band (Kaiser Friedrich III. und sein Sohn Maximilian, 1477–1493), Wien 1844.

Lühe, Hanns Eggert Willibald von der (Hg.): **Militair-Conversations-Lexicon**, Leipzig 1833.

Mallet, Michael: **Mercenaries and their Masters**, London 1974.

Mallet, M.E. und Hale, J.R.: **The Military Organisation of Renaissance State**: Venice c.1400 to 1617, Cambridge u.a. 1984.

Meier, Werner: **Eidgenössischer Solddienst**, in: Kroll, Stefan u. Krüger, Kersten (Hg.): Militär und ländliche Gesellschaft in der frühen Neuzeit, Hamburg 2000.

Messner, Florian und Seehase, Hagen: **Die Ennetbirgischen Feldzüge**, Berlin 2018.

Messner, Florian; Ollesch, Detlef; Seehase, Hagen und Vaucher, Thomas: **Der Engadiner Krieg**, Eine Reise in die Renaissance, Eltville 2016.

Meynert, Herrmann: **Geschichte des Kriegswesens und der Heeresverfassungen in Europa**, 3 Bde., Wien 1868/69.

Miller, Douglas und Embleton, Gerry: **The Swiss at war, 1300–1500**, London 1979.

Miller, Douglas: **Die Landsknechte**, Bonn 1980.

Mohr, Conradin von: **Geschichte von Currätien und der Republik „gemeiner drei Bünde“**, Chur 1870.

Nell, Martin: **Die Landsknechte, Entstehung der ersten deutschen Infanterie**, Berlin 1914.

Nicolle, David: **Medieval Warfare Source Book**, Warfare in Western Christendom, London 1999.

Nicolle, David u. Rothero, Christopher: **The Venetian Empire 1200–1670**, Oxford 2004.

Nicolle, David u. Embleton, G. A.: **Italian Medieval Armies 1300–1500**, Oxford 2006.

Niederstätter, Alois: **Das Jahrhundert der Mitte**. An der Wende vom Mittelalter zur Neuzeit, Wien 1996.

Oakeshott, Ewart: **The Sword in the Age of Chivalry**, Woodbridge 1964.

Oakeshott, Ewart: **European Weapons and Armour: From the Renaissance to the Industrial Revolution**, Woodbridge 1980.

Obermair, Hannes: **Schriftlichkeit und urkundliche Überlieferung der Stadt Bozen bis 1500**; in: Bozen Süd – Bolzano Nord. Band 2, Bozen 2008.

Ortenburg, Georg: **Waffen der Landsknechte, 1500–1650**, Augsburg 2002.

Paoletti, Ciro: **A Military History of Italy**, Westport und London 2008.

Paulus, Christof: **Machtfelder**, Herzog Albrecht IV. von Bayern (1447/1465–1508) zwischen Dynastie, Territorium und Reich, Böhlau u. a. 2015.

Parker, Geoffrey: **Cambridge illustrated History of Warfare**, Cambridge 1995.

Pfister, Johann Christian von: **Geschichte von Schwaben, Neu untersucht und dargestellt**, 2. Buch, 2. Abteilung, Stuttgart 1827.

Planché, James Robinson: **An Illustrated Dictionary of Historic Costume: From the First Century B.C. to C. 1760**, Band 1, London 1876.

Procacci, Giuliano: **Geschichte Italiens und der Italiener**, München 1989.

Prokop Freiherr von Freyberg, Maximilian: **Pragmatische Geschichte der bayerischen Gesetzgebung und Staatsverwaltung seit den Zeiten Maximilian I.**, Leipzig 1839.

Reid, William: **Buch der Waffen**, Von der Steinzeit bis zur Gegenwart, Düsseldorf u. Wien o.J.

Remy, Andreas: **Descriptions of Battles in Fifteenth Century Urban Chronicles**, in: Curry, Anne und Bell, Adrian R.: Journal of Medieval Military History, Band IX, Woodbridge 2011, S. 118–131.

Rerini Agostino: **I castelli del Tirolo**, Band 2, Mailand 1839.

Richards, John und Embleton, Gerry: **Landsknecht Soldier 1486–1560**, Oxford 2007.

Riedmann, Josef: **Das Mittelalter, Geschichte des Landes Tirol**, Band 1, Innsbruck 1985.

Roeck, Bernd: **Die Schlacht von Calliano**; Mythos und Wirklichkeit, in: Der Schlern, Bozen, 1988, S. 433- 444.

Rudolph, J. Martin: **Die Hülfs- und Freischaarenzüge der Schweizer seit der Gründung der Eidgenossenschaft bis zum Einfall in den Kanton Luzern im Mai 1845**, Zürich 1846.

Rudolph, J. Martin: **Kriegsgeschichte der Schweizer seit Gründung des Schweizerbundes bis zum ewigen Frieden mit Frankreich**, Baden 1847.

Sandler, Stanley: **Ground warfare**, An International Encyclopedia, Band 1, Santa Barbara u. a., 2003.

Schmidtchen, Volker: B**ombarden, Befestigungen, Büchsenmeister**; Düsseldorf 1977.

Seehase, Hagen und Ollesch, Detlef: **Kurfürst Friedrich der Siegreiche von der Pfalz (1425–1476)**, Petersberg 2013.

Seehase, Hagen und Ollesch, Detlef: **Die Burgunderkriege**, Berlin 2017.

Seehase, Hagen: **High Noon in Südtirol**, Die Schlacht bei Calliano 1487, in: Clausewitz, 3/2017, S.40–44.

Schlunk, Andreas und Giersch, Robert: D**ie Ritter**; Geschichte – Kultur – Alltagsleben, Stuttgart 2009.

Schmid, Otto: **Pfarrkirche Wolfegg**, Regensburg 1998.

Schmidtchen, Volker: **Kriegswesen im späten Mittelalter, Technik, Taktik, Theorie**, München 1995.

Shaw, Christine: **The politics of exile in Renaissance Italy**, Cambridge 2004.

Smith, Robert Douglas und DeVries, Kelly: **Medieval Weapons: An Illustrated History of Their Impact**, Santa Barbara u.a. 2007.

Speck, Dieter: **Kleine Geschichte Vorderösterreichs**, Karlsruhe 2016.

Spreti, Vittorio: **Enciclopedia storico – nobiliare italiana: famiglie nobili e titolate viventi riconosciute dal R. Governo d'Italia, compresi: città, comunità, mense vescovili, abazie, parrocchie ed enti nobili e titolati riconosciuti**, Rom 1928–1936.

Strobel, Adam Walther: **Die Vaterländische Geschichte des Elsasses von der frühesten bis auf die gegenwärtige Zeit**, Dritter Teil, Straßburg 1843.

Strobel, Adam Walther: **Vaterländische Geschichte des Elsasses von der frühesten Zeit bis zur Revolution 1789**, Straßburg 1851.

Trapp, Oswald und Palme, Waltraut: **Burgbelagerungen in Tirol**, in: Tiroler Burgenbuch, Bd. 8, Bozen 1989.

Turnbull, Stephen: **The Art of Renaissance Warfare, From the Fall of Constantinople to the Thirty Years War**, Barnsley 2006.

Urban, William: **Medieval Mercenaries**, The Business of War, London 2006.

Vulpinus, Theodor: **Ritter Friedrich Kappler**, Ein Elsässischer Feldhauptmann aus dem 15. Jahrhundert, Straßburg 1896.

Wagner, E., Drobna, Z. und Durdik, J.: **Medieval Costume**, Armour and Weapons, London 1962.

Walter, Theobald: **Die Grabschriften des Bezirkes Oberelsaß von den ältesten Zeiten bis 1820**, Gebweiler 1904.

Weissinger, Rolf: **Die Schlacht bei Giengen, 19. Juli 1462**, Die Geschichte eines vergessenen Krieges, o.O. 1998.

Welber, Mariano: **La battaglia di Calliano 10 agosto 1487**, Cronaca desunta dalle fonti narrative, Calliano 1987.

Wiesflecker, Hermann: **Kaiser Maximilian I.**, Das Reich, Österreich und Europa an der Wende zur Neuzeit, Bd. 1, München u.a. 1971.

Wiesflecker, Hermann: **Die Grafschaft Görz und die Herrschaft Lienz, ihre Entwicklung und ihr Erbfall an Österreich (1500)**, in: Veröffentlichungen des Tiroler Landesmuseums Ferdinandeum, 78/1998, Innsbruck 1998.

Wiesflecker, Hermann: **Österreich im Zeitalter Maximilians**, München 1999.

Wilkinson, Frederick: **Alles über Handfeuerwaffen**, Zöllikon 1977.

Witte, Heinrich: **Zur Geschichte der Burgunderkriege**, in: Zeitschrift für die Geschichte des Oberrheins, Freiburg im Breisgau 1891, S. 2–81.

Wolf, Susanne: **Die Doppelregierung Kaiser Friedrich III. und König Maximilian (1487–1493)**, Köln, Weimar und Wien 2005.

Würdinger, Joseph: **Kriegsgeschichte von Bayern, Franken, Pfalz und Schwaben von 1347 bis 1506**, Band 2, München 1868.

Heere & Waffen ~ Heft 30

Detlef Ollesch & Hagen Seehase

Die Burgunderkriege

Als "Burgunderkriege" gelten gemeinhin die Feldzüge des letzten Burgunderherzogs gegen die Eidgenossen. Jener Herzog Karl der Kühne unterlag in mehreren Schlachten und fand dabei Anfang 1477 bei Nancy den Tod. Dieses Ereignis und der daraus resultierende Streit um das burgundische Erbe sind von ungeheurer historischer Bedeutung, denn sie markieren den Anfang der deutsch-französischen "Erbfeindschaft".Dieses Buch stellt die Burgunderkriege von den Feldzügen gegen Lüttich, der Belagerung von Neuss, den Kämpfen im Sundgau und in Lothringen bis hin zu den Schlachten gegen die Eidgenossen dar.Dabei wird die Rolle der Verbündeten der Schweizer ebenso gewürdigt wie die Bedeutung der französischen und der englischen Krone in diesem Konflikt.Die Autoren stellen heraus, was die treibenden Kräfte hinter dem Krieg gegen Karl den Kühnen waren und welche Faktoren zu seinem Untergang führten. Dabei präsentieren sie bislang wenig bekannte Details zum Tod des Burgunderherzogs.Die Heere der Burgunder und ihrer Gegner werden ausführlich in ihrer Zusammensetzung, Ausrüstung, Taktik usw. porträtiert.

Illustriert ist das Buch unter anderem mit Bildern internationaler Re-enactment-Gruppen. Es enthält ein umfangreiches Literaturverzeichnis. Paperback, 13 zeitgenössische Abbildungen, drei Karten, 14 Farbfotos und ca. 25, zum Teil ganzseitige Re-enactment-Aufnahmen. 84 Seiten.